Collins
gem

Collins
Latin American
Spanish
phrasebook

D0837425

Consultant
A M Garrido, AM MSc

First published 2005
This edition published 2007
Copyright © HarperCollins Publishers
Reprint 10 9 8 7 6 5 4 3 2 1 0
Typeset by Davidson Pre-Press, Glasgow
Printed in Malaysia by Imago

www.collins.co.uk

ISBN 13 978-0-00-724672-4
ISBN 10 0-00-724672-2

Using your phrasebook

Your *Collins Gem Phrasebook* is designed to help you
locate the exact phrase you need, when you need it,
whether on holiday or for business. If you want to
adapt the phrases, you can easily see where to
substitute your own words using the dictionary
section, and the clear, full-colour layout gives you
direct access to the different topics.

The Gem Phrasebook includes:
- Over 70 topics arranged thematically. Each phrase
  is accompanied by a simple pronunciation guide
  which eliminates any problems pronouncing
  foreign words.

- A Top ten tips section to safeguard against any
  cultural faux pas, giving essential dos and don'ts
  for situations involving local customs or etiquette.

- Practical hints to make your stay trouble free,
  showing you where to go and what to do when
  dealing with everyday matters such as travel or
  hotels and offering valuable tourist information.

- Face to face sections so that you understand
  what it is being said to you. These example mini-
  dialogues give you a good idea of what to expect
  from a real conversation.

- Common announcements and messages you may hear, ensuring that you never miss the important information you need to know when out and about.

- A clearly laid-out 3000-word dictionary means you will never be stuck for words.

- A basic grammar section which will enable you to build on your phrases.

It's worth spending time before you embark on your travels just looking through the topics to see what is covered and becoming familiar with what might be said to you.

Whatever the situation, your *Gem Phrasebook* is sure to help!

Contents

Pronouncing Spanish

••••••••••••••••••••••••••••••••••••••

Spelling and pronouncing Spanish are easy once
you know the few basic rules. This book has been
designed so that as you read the pronunciation of
the phrases you can follow the Spanish. This will
help you to recognize the different sounds and give
you a feeling for the rhythm of the language. The
syllable to be stressed is marked in **bold** in the
pronunciation.

Here are a few rules you should know:

Spanish	sounds like	example	pronunciation
ca	ka	cama	**ka**ma
co	ko	con	kon
cu	ku	cubo	**koo**bo
ce	se	cena	**se**na
ci	see	cine	**see**-ne
ga	ga	gato	**ga**to
go	go	algo	**al**go
gu	goo	algún	al-**goon**
ge	he	gente	**hen**te
gi	hee	giro	**hee**ro
j	h	jueves	**hwe**-bes
ll	y	llamo	**ya**mo

Spanish	sounds like	example	pronunciation
ñ	ny	señor	se**nyor**
ua	wa	cual	kwal
ue	we	vuelva	**bwel**ba
v	b	vino	**bee**no
z	s	zapato	sa**pato**

h is silent: **hora** o-ra, **hola** o-la
r is rolled and **rr** even more so

In Spanish, vowels (**a**, **e**, **i**, **o**, **u**) have only one sound. When you find two together, pronounce both of them in quick succession, as in **aceite** a-**se**-ee-te

Top ten tips

•••

1 The taxi trade in most Latin American countries is unregulated and any car owner, however decrepit the vehicle, can put a taxi sign in the windscreen and ply for trade.

2 In Peru, the sol, the local currency is so devalued that only notes in pristine condition will be accepted. Any damaged notes will be refused.

3 When travelling on the tube in Mexico, women and children should always travel in the first two carriages (they are specifically only for women and children).

4 Conversations take place at a much closer physical distance than what may be considered comfortable in other cultures. Pulling away from your counterpart may be regarded as unfriendly.

5 When giving flowers in Mexico, be aware that yellow flowers represent death.

6 In Argentina, eating on the street or in public transport is considered rude.

7 Latin Americans are very friendly and like to engage in conversations with foreigners. These tend to go on and on and it can be considered impolite to leave without an explanation. Make sure your guest knows there is a good reason for you wanting to leave.

8　If invited to a party, don't be surprised if your host wants you to stay until the early hours of the next day. As above, make sure you have a good excuse if you want to leave early.

9　There are a number of exotic local dishes that may be offered to you. If in doubt, don't accept it but make sure you tell the person why, i.e. I'm vegetarian, I'm on a diet, I am allergic etc. Make it sound genuine though!

10　In Latin America time is more flexible and delays in appointments and timings occur more often than elsewhere. However, people do appreciate punctuality.

Talking to people

Hello/goodbye, yes/no

The word for Mr/Sir is **Señor** (se-**nyor**), for Madam/Mrs/Ms **Señora** (se-**nyor**a) and for Miss **Señorita/Srta.** (senyo-**ree**ta).

Yes	**Sí** see
No	**No** no
OK!	**¡Vale!** ¡**ba**-le!
Thank you	**Gracias** **gras**-yas
Thanks very much	**Muchas gracias** **moo**chas **gras**-yas
Hello	**Hola** **o**-la
Goodbye	**Adiós** ad-**yos**
Good night	**Buenas noches** **bwe**-nas **noche**s

Good morning	**Buenos días**
	bwe-nos **dee**-as
Good evening	**Buenas tardes**
	bwe-nas **tar**-des
See you later	**Hasta luego**
	as-ta **lwe**-go
Please	**Por favor**
	por fa**bor**
Don't mention it	**De nada**
	de **na**da
With pleasure!	**¡Con mucho gusto!**
	¡kon **moo**cho **goo**sto!
Pardon?	**¿Cómo dice?**
	¿**ko**mo **dee**-se?
I'm sorry	**Lo siento**
	lo **syen**-to
I don't know	**No sé**
	no se
Excuse me! (to catch attention)	**¡Oiga, por favor!**
	¡**oy**ga por fa**bor**!
Excuse me (sorry)	**Perdone**
	per**do**-ne
I don't understand	**No entiendo**
	no en-**tyen**do
Do you understand?	**¿Entiende?**
	¿en-**tyen**-de?
Do you speak English?	**¿Habla usted inglés?**
	¿**a**-bla oos**ted** een-**gles**?

I speak very little Spanish	**Hablo muy poco español**
	a-blo mwee **po**ko espa-**nyol**
How are you?	**¿Cómo está?**
	¿**ko**mo es**ta**?
Fine, thanks	**Muy bien, gracias**
	mwee byen, **gras**-yas
And you?	**¿Y usted?**
	¿ee oo**sted**?

Key phrases

• •

Asking for something in a shop or bar, just say what you want, adding **por favor**. When 'some' refers to something you can't count, it usually isn't translated in Spanish. When 'some' refers to something you can count, use **alguno** (shortened to **algún**) before a masculine singular noun or **alguna** before a feminine singular noun.

the	**el/la/los/las**
	el/la/los/las
the museum	**el museo**
	el moo-**se**-o
the station	**la estación**
	la esta-**syon**
the shops	**las tiendas**
	las **tyen**das

a/one (masculine)	**un**
	oon
(feminine)	**una**
	oona
a ticket/ one glass	**un boleto/un vaso**
	oom bo-**le**to/oom **ba**-so
a room/ one bottle	**una habitación/una botella**
	oona abeeta-**syon**/oona bo-**te**ya
some (masculine)	**algún/alguno/algunos**
	al-**goon**/al-**goo**no/al-**goo**nos
(feminine)	**alguna/algunas**
	al-**goo**na/al-**goo**nas
Would you like some bread?	**¿Quiere pan?**
	¿**kye**-re pan?
Have you got some coffee?	**¿Tiene café?**
	¿**tye**-ne ka-**fe**?
Do you have...?	**¿Tiene...?**
	¿**tye**-ne...?
Do you have a room?	**¿Tiene una habitación?**
	¿**tye**-ne oona abeeta-**syon**?
I'd like...	**Quisiera...**
	kee-**sye**ra...
We'd like...	**Quisiéramos...**
	kee-**sye**ramos...
I'd like an ice-cream	**Quisiera un helado**
	kee-**sye**ra oon e-**la**-do
We'd like to visit the capital	**Quisiéramos visitar la capital**
	kee-**sye**ramos beesee**tar** la kapi-**tal**

Some more bread?	**¿Más pan?** ¿mas pan?
Some more soup?	**¿Más sopa?** ¿mas **so**pa?
Some more glasses?	**¿Más vasos?** ¿mas **ba**sos?
Another coffee	**Otro café** **o**-tro ka-**fe**
Another beer	**Otra cerveza** **o**-tra ser-**be**sa
How much is it?	**¿Cuánto es?** ¿**kwan**to es?
How much is the room?	**¿Cuánto cuesta la habitación?** ¿**kwan**to **kwes**ta la abeeta-**syon**?
large/small	**grande/pequeño** **gran**-de/pe-**ke**-nyo
with/without	**con/sin** kon/seen
Where is...?	**¿Dónde está...?** ¿**don**de esta...?
Where are...?	**¿Dónde están...?** ¿**don**de estan...?
Where is the station?	**¿Dónde está la estación?** ¿**don**de esta la esta-**syon**
Where are the toilets?	**¿Dónde están los baños?** ¿**don**de estan los **ba**-nyos?

How do I get...?	**¿Cómo se va...?**
	¿**ko**mo se ba...?
to the park	**al parque**
	al **par**-ke
to the station	**a la estación**
	a la esta-**syon**
to the market	**al mercado**
	al mer-**ka**do
There is/are...	**Hay...**
	a-ee...
There isn't/ aren't any...	**No hay...**
	no **a**-ee...
When...?	**¿Cuándo...?**
	¿**kwan**do...?
At what time...?	**¿A qué hora...?**
	¿a ke **o**-ra...?
today	**hoy**
	oy
tomorrow	**mañana**
	ma-**nya**na
Can I smoke?	**¿Puedo fumar?**
	¿**pwe**-do foo**mar**?
Can I taste it?	**¿Puedo probarlo?**
	¿**pwe**do pro**bar**lo?
How does this work?	**¿Cómo funciona?**
	¿**ko**mo foon-**syo**na?
What does this mean?	**¿Qué significa?**
	¿ke seeg-nee**fee**ka?

Signs and notices

entrada	entrance
salida	exit
abierto	open
cerrado	closed
caliente	hot
frío	cold
agua potable	drinking water
importe total	exact amount
no se admiten devoluciones	no refunds
no devuelve cambio	no change given
probadores	changing rooms
prohibido bañarse	no bathing
caja	cash desk
autoservicio	self-service
tirar	pull
empujare	push
baños	toilets
libre	vacant
ocupado	engaged
caballeros	gaents
señoras	ladies
fuera de servicio	out of service
...quila	for hire/to let
...nde	for sale

rebajas/gangas/ liquidaciones	sale
sótano	basement
planta baja	ground floor
elevador	lift
acceso a vías	to the trains
habitaciones libres	rooms available
salida de emergencia	emergency exit
completo	no vacancies
seleccione	choose
mañanas	morning
tardes	afternoon
horario	timetable
llamar	ring
pulsar	press
boletos	tickets
salidas	departures
llegadas	arrivals
información	information
privado	private
no fumadores	non-smoking
fumadores	smoking
prohibido fumar	no smoking

Polite expressions

•••••••••••••••••••••••••••••••••••••

There are two forms of address in Spanish: formal
(**usted**) and informal (**tú**, or **vos** in Central America,
the Caribbean and the River Plate region (Arg)).
The plural **ustedes** is used both formally and
informally in Latin America. You should always
stick to the formal until you are invited to **tutear**
or **vosear** (use the informal **tú** or **vos**).

The meal was delicious	**La comida estaba deliciosa**
	la ko-**mee**da esta-ba delee-**syo**sa
Thank you very much	**Muchas gracias**
	moochas **gras**-yas
This is a gift for you	**Esto es un regalo para ti/ ustedes**
	es-to es oon re-**ga**lo **para** **tee**/ oos-**te**-des
Pleased to meet you	**Encantado(a)**
	enkan-**ta**do(a)
This is...	**Le presento a...**
	le pre-**sen**to a...
my husband/ wife	**mi esposo/esposa**
	mee es-**po**so/es-**po**so
Enjoy your holiday!	**¡Que disfrute(n) de sus vacaciones!**
	ike dees-**froo**te(n) de soos baka-**syo**nes!

Celebrations

••

Traditional Christmas celebrations mainly take place on the night of **Nochebuena**, Christmas Eve. These include a large Christmas meal and attendance at Midnight Mass (**la misa de gallo**).

I'd like to wish you a...	**Le/Te deseo que pase(s) un/unas...**
	le/te de**se**-o ke **pa**se(s) oon/**oo**nas...
Merry Christmas!	**¡Felices Pascuas!/¡Feliz Navidad!**
	ife**lee**-ses **pas**-kwas/ fe**lees** nabee-**dad**!
Happy New Year!	**¡Feliz Año (Nuevo)!**
	ife**lees** a-nyo (**nwe**-bo)!
Happy birthday!	**¡Feliz cumpleaños!/ ¡Felicidades!**
	ife**lees** koom-ple-**a**-nyos/ feleesee-**da**des!
Have a good trip!	**¡Buen viaje!**
	ibwen **bya**-he!
Best wishes!	**¡Felicidades!**
	ifeleesee-**da**des!
Welcome!	**¡Bienvenido(a)!**
	ibyen-be-**nee**do(a)!

Making friends

•••••••••••••••••••••••••••••••••••

In this section we have used the informal **tú** for the questions.

What's your name?	**¿Cómo te llamas?**
	¿**ko**mo te **ya**-mas?
My name is...	**Me llamo...**
	me **ya**-mo
How old are you?	**¿Cuántos años tienes?**
	¿**kwan**tos a-nyos **tye**-nes?
I'm ... years old	**Tengo ... años**
	tengo ... **a**-nyos
Where are you from?	**¿De dónde eres?**
	¿de d**on**de **er**es?
I'm English/ Scottish/Welsh	**Soy inglés(a)/escocés(a)/ galés(a)**
	soy een-**gles**(a)/esko-**ses**(a)/ ga-**les**(a)
Where do you live?	**¿Dónde vives?**
	¿**don**de bee-bes?
Where do you live? (plural)	**¿Dónde viven?**
	¿**don**de bee-ben?
I live in London	**Vivo en Londres**
	beebo en **lon**-dres
We live in Los Angeles	**Vivimos en Los Ángeles**
	beebee-mos en los **an**-geles

21

I'm still studying	**Todavía estoy estudiando**
	toda-**bee**-a es**toy** estoo-**dyan**-do
I work	**Trabajo**
	tra**ba**-ho
I'm retired	**Estoy retirado**
	es**toy** retee-**ra**do(a)
I'm...	**Estoy...**
	es**toy**...
single	**soltero(a)**
	sol-**te**ro(a)
married	**casado(a)**
	ka-**sa**do(a)
divorced	**divorciado(a)**
	dee-bor-**sya**do(a)
I have...	**Tengo...**
	tengo...
a boyfriend	**novio**
	nobyo
a girlfriend	**novia**
	nobya
a partner	**pareja**
	pa-**re**ha
I have ... children	**Tengo ... hijos**
	tengo ... **ee**hos
I have no children	**No tengo hijos**
	no **ten**go **ee**hos
I'm here...	**Estoy aquí...**
	es**toy** a-**kee**...

on holiday	**de vacaciones**
	de baka-**syo**-nes
for work	**por razones de trabajo**
	por ra**so**-nes de tra**ba**-ho

FACE TO FACE

A **¿Cómo te llamas?**
¿**ko**mo te **ya**mas?
What's your name?

B **Me llamo...**
me yamo...
My name is...

A **¿De dónde eres?**
¿de **don**de **e**res?
Where are you from?

B **Soy inglesa, de Londres**
soy een-**gle**-sa de **lon**dres
I am English (female), from London

A **¡Encantado!**
ienkan-**ta**do!
Pleased to meet you! (said by a man)

B **¡Encantada!**
ienkan-**ta**da!
And you! (said by a woman)

> **Leisure/interests** (p 74) > **Sport** (p 79) 23

Work

What work do you do?	**¿En qué trabaja?**
	¿en ke tra**ba**-ha?
Do you enjoy it?	**¿Le gusta?**
	¿le **goos**ta?
I'm...	**Soy...**
	soy...
a doctor	**médico(a)**
	me-deeko(a)
a teacher	**profesor(a)**
	pro-fe**sor**(a)
a secretary	**secretaria**
	se-kre**ta**-rya
I work from home	**Trabajo en casa**
	tra**ba**-ho en **ka**sa
I'm self-employed	**Trabajo independiente**
	tra**ba**-ho in-de-pen-**dyen**-te

Weather

••

los chubascos	showers
los choo-**bas**kos	
despejado despe-**ha**do	clear
la lluvia la **yoo**-bya	rain
la niebla la **nye**bla	fog
nublado noo-**bla**do	cloudy

It's sunny	**Hace sol**
	a-se sol
It's raining	**Está lloviendo**
	es**ta** yo-**byen**do
It's snowing	**Está nevando**
	es**ta** ne **ban**do
It's windy	**Hace viento**
	a-se **byen**to
What a lovely day!	**¡Qué día más bonito!**
	ike **dee**-a mas bo-**nee**to!
What awful weather!	**¡Qué tiempo tan malo!**
	ike **tyem**po tan **ma**lo!
What will the weather be like tomorrow?	**¿Qué tiempo va a hacer mañana?**
	¿ke **tyem**po ba a-**ser** ma-**nya**na?
Do you think it's going to rain?	**¿Cree que va a llover?**
	¿**kre**-e ke ba yo-**ber**?

It's very hot

Hace mucho calor
a-se **moo**cho ka**lor**

Do you think there will be a storm?

¿Cree que va a haber tormenta?
¿**kre**-e ke ba a**ber** tor-**men**ta?

What is the temperature?

¿Qué temperatura hace?
¿ke tempera-**too**ra **a**-se?

Getting around

Asking the way

enfrente (de) en-**fren**-te (de)	opposite (to)
al lado de al **la**do de	next to
cerca de **ser**ka de	near to
el semáforo el se**ma**-foro	traffic lights
en la esquina en la es-**kee**na	at the corner

FACE TO FACE

A **Perdone, ¿cómo se va a la estación?**
¿per-**do**ne, **ko**mo se ba a la esta-**syon**?
Excuse me, how do I get to the station?

B **Siga todo recto hasta llegar a la plaza**
seega **to**do **rek**to **as**ta ye**gar** a la **pla**sa
Keep straight on until you come to the main square
La estación está al costado derecho
la esta-**syon** esta al kos**ta**do de**re**cho
The station is on the right hand-side

27

A ¿Está lejos?
¿es**ta le**hos?
Is it far?

B No, a cinco minutes caminando
no, a **seen**ko mee-**noo**tos kamee-**nan**do
No, five minutes on foot

A ¡Gracias!
¡**gra**syas!
Thank you!

B De nada
de **na**da
You're welcome

Excuse me, sir/madam!	**¡Perdone, señor/señora!**
	iper-**do**-ne se**nyor**/se-**nyo**ra!
How do I get to...?	**¿Cómo llego a...?**
	¿**ko**mo ye-go a...?
to the station	**a la estación**
	a la esta-**syon**
to the museum	**al museo**
	al moo-**se**-o
to Cuzco	**a Cuzco**
	a **koos**-ko
We're looking for...	**Estamos buscando...**
	es-**ta**mos boos-**kan**do...
Is it far?	**¿Está lejos?**
	¿es**ta le**hos?
Can I/we walk there?	**¿Se puede ir andando?**
	¿se **pwe**-de eer an-**dan**do?

How do I/we get to the centre of (name of town)?	¿Cómo se va al centro de...?
	¿**ko**mo se ba al **sen**tro de...?
We're lost	**Estamos perdidos**
	es-**ta**mos per-**dee**dos
Is this the right way to...?	¿**Se va por aquí a...?**
	¿se ba por a-**kee** a...?
Can you show me where it is on the map?	¿**Puede indicarme dónde está en el mapa?**
	¿**pwe**-de een-dee**kar**-me **don**de es**ta** en el **ma**pa?

YOU MAY HEAR...	
Después de pasar el puente des**pwes** de pa-**sar** el **pwen**te	After crossing the bridge
Gire a la izquierda/ derecha heere a la ees-**kyer**da/ de-**re**cha	Turn left/right
Siga todo recto hasta llegar a... seega **to**do **rek**to **as**ta ye**gar** a...	Keep straight on until you get to...

> **Maps and guides** (p 68)

Bus and coach

• •

There are many local terms for 'bus' including
guagua, **chiva**, **colectivo**, **micro**, **flota** and
camión; however, **bus** is understood everywhere.

Is there a bus to...?	**¿Hay algún bus que vaya a...?**
	¿**a**-ee al-**goon boos** ke **ba**ya a...?
Which bus goes to...?	**¿Qué bus va a...?**
	¿ke **boos** ba a...?
We're going to...	**Vamos a...**
	bamos a...
Where do they sell tickets?	**¿Dónde venden boletos?**
	¿**don**de **ben**-den bo-**let**os?
How much is it...?	**¿Cuánto es...?**
	¿**kwan**to es...?
to the centre	**al centro**
	al **sen**tro
to the beach	**a la playa**
	a la **pla**ya
to the airport	**al aeropuerto**
	al a-ero-**pwer**to
How frequent are the buses to...?	**¿Cada cuánto hay buses a...?**
	¿**ka**da **kwan**to **a**-ee **boo**ses a...?
When is the first/ the last bus to...?	**¿Cuándo sale el primer/ el último bus para...?**
	¿**kwan**do **sa**-le el pree-**mer**/ el **ool**-teemo **boos** para...?

30

Please tell me when to get off	**Por favor, ¿me dice cuándo tengo que bajarme?**
	por fa**bor**, ¿me **dee**-se **kwan**do **ten**go ke ba**har**-me?
Please let me off	**¿Me deja salir, por favor?**
	¿me **de**ha sa-**lee**r por fa**bor**?
This is my stop	**Me bajo en esta parada**
	me **ba**-ho en esta pa-**ra**da

YOU MAY HEAR...

Este bus no para en...	This bus doesn't stop in...
este **boos** no **pa**ra en...	
Tiene que tomar el...	You have to catch the...
tye-ne ke to**mar** el...	

Metro

· ·

The **metro** is called the **subterráneo** or **subte** in Argentina.

la entrada	la en**tra**da	entrance
la salida	la sa-**lee**da	way out/exit
el andén	el an-**den**	metro line

> **Luggage** (p 92)

Metro

Where is the nearest metro station?	**¿Dónde está la estación de metro más cercana?**
	¿**don**de es**ta** la esta-**syon** de **me**-tro mas ser-**ka**-na?
How does the ticket machine work?	**¿Cómo funciona la máquina de boletos?**
	¿**ko**mo foon-**syo**na la **ma**-keena de bo-**le**tos?
I'm going to...	**Voy a...**
	boy a...
Do you have a map of the metro?	**¿Tiene un plano del metro?**
	¿**tye**-ne oon **pla**no del **me**-tro?
How do I/we get to...?	**¿Cómo se va a...?**
	¿**ko**mo se ba a...?
Do I have to change?	**¿Tengo que cambiar de línea?**
	¿**ten**go ke kam**byar** de **lee**-ne-a?
What line is it for...?	**¿Cuál es la línea para ir a...?**
	¿kwal es la **lee**-ne-a **pa**ra eer a...?
In which direction?	**¿En qué dirección?**
	¿en ke deerek-**syon**?
What is the next stop?	**¿Cuál es la próxima parada?**
	¿kwal es la **prok**-seema pa-**ra**da?
Excuse me!	**¡Perdone!**
	iper**do**-ne!
Please let me through	**¿Me deja pasar, por favor?**
	¿me **de**ha pa**sar**, por fa**bor**?
I'm getting off here	**Me bajo aquí**
	me **ba**ho a-**kee**

> **Luggage** (p 92)

Train

....

Latin America has never had a comprehensive rail
network, but some lines have been preserved as
tourist attractions. There are two or more classes
of ticket, ranging from the luxurious and expensive
tourist class, which can be booked in advance, to
the extremely basic second class.

sencillo sen**see**-yo	single/one-way
ida y vuelta **ee**da ee **bwel**ta	return
el horario el o **ra**-ryo	timetable
salidas sa-**lee**das	departures
llegadas ye-**ga**das	arrivals
diario dee-**a**-ryo	daily

Where is the station?	**¿Dónde está la estación?** ¿**don**de esta la esta-**syon**?
To the station, please	**A la estación, por favor** a la esta-**syon**, por fa**bor**
When is the next train to....?	**¿Cuándo es el próximo tren para...?** ¿**kwan**do es el **prok**-seemo tren **pa**ra...?
Two return tickets to...	**Dos boletos de ida y vuelta a...** dos bo-**le**tos de **ee**da ee **bwel**ta a...

A single to...	**Un boleto de ida a...**
	oon bo-**le**to de **ee**da a...
Tourist class	**De clase turista**
	de **kla**se too-**ree**sta
Smoking/	**Fumador/No fumador**
Non smoking	fooma-**dor**/no fooma-**dor**
Is there a	**¿Hay que pagar suplemento?**
supplement	¿**a**-ee ke pa**gar** soo-ple-**men**to?
to pay?	
I want to book	**Quisiera reservar un asiento**
a seat	kee-**sye**ra re-ser**bar** oon a-**syen**to
When is the first/	**¿Cuándo es el primer/**
last train to...?	**el último tren para...?**
	¿**kwan**do es el pree-**mer**/
	el **ool**-teemo tren para...?
Do I have to	**¿Tengo que hacer**
change?	**transbordo?**
	¿**ten**go ke a-**ser** trans-**bor**do?
Where?	**¿Dónde?**
	¿**don**de?
How long is	**¿Cuánto tiempo hay para la**
there to get the	**conexión?**
connection?	¿**kwan**to **tyem**po **a**-ee **pa**ra la
	konek-**syon**?
Which platform	**¿De qué andén sale?**
does it leave	¿de ke an-**den sa**-le?
from?	

Is this the right platform for the train to...?	**¿Sale de este andén el tren para...?**
	¿**sa**-le de **es**te an-**den** el tren **pa**ra...?
Is this the train for...?	**¿Es este el tren para...?**
	¿es **es**te el tren **pa**ra...?
When will it leave?	**¿Cuándo sale?**
	¿**kwan**do **sa**-le?
Why is the train delayed?	**¿Por qué sale el tren con retraso?**
	¿por ke **sa**-le el tren kon re-**tra**so?
Does the train stop at...?	**¿Para el tren en...?**
	¿**pa**-ra el tren en...?
When does it arrive at...?	**¿Cuándo llega a...?**
	¿**kwan**do **ye**ga a...?
Please let me know when we get to...	**Por favor, ¿me avisa cuando lleguemos a...?**
	por fa**bor**, ¿me a**bee**-sa **kwan**do ye-**ge**-mos a...?
Is there a buffet on the train?	**¿Hay servicio de cafetería en el tren?**
	¿a ce ser-**bee**syo de ka-fe-te-**ree**-a en el tren?
Is this free? (seat)	**¿Está libre?**
	¿es**ta lee**bre?
Excuse me	**¡Perdón!**
	¡per-**don**!

> **Luggage** (p 92)

Train

Taxi

●●●●●●●●●●●●●●●●●●●●●●●●●●●●●●●●●●●●●●

In most places taxis are plentiful (though some may not be officially licensed), fairly reliable and not very expensive. Fares may be based on a system of zones or on distance and are often negotiable.

Getting around

I need a taxi	**Necesito un taxi**
	ne-se-**see**to oon **tak**see
Where is the taxi rank?	**¿Dónde está la parada de taxis?**
	¿**don**de es**ta** la pa-**ra**da de **tak**sees?
Please order me a taxi	**Por favor, ¿me pide un taxi?**
	por fa**bor**, ¿me **pee**de oon **tak**see?
straightaway	**enseguida**
	en-se**gee**-da
for (time)	**para las...**
	para las...
How much is the taxi fare...?	**¿Cuánto cuesta ir en taxi...?**
	¿**kwan**to **kwes**ta eer en **tak**see...?
into town	**al centro**
	al **sen**tro
to the hotel	**al hotel**
	al o-**tel**

36

to the station	**a la estación**
	a la esta-**syon**
to the airport	**al aeropuerto**
	al a-ero-**pwer**to
to this address	**a esta dirección**
	a **es**ta deerek-**syon**
Please take me/ us to...	**Me/Nos lleva a ..., por favor**
	me/nos **ye**-ba a ..., por fa**bor**
How much is it?	**¿Cuánto es?**
	¿**kwan**to es?
Why are you charging me so much?	**¿Por qué me cobra tanto?**
	¿por **ke** me **ko**-bra **tan**to?
It's more than on the meter	**Es más de lo que marca el taxímetro**
	es mas de lo ke **mar**ka el tak**see**-metro
Keep the change	**Quédese con el vuelto**
	ke-de-se kon el **bwel**to
Sorry, I don't have any change	**Lo siento, no tengo nada de cambio**
	lo **syen**to, no **ten**go **na**da de **kam**byo
I'm in a hurry	**Tengo mucha prisa**
	tengo **moo**cha **pree**-sa
Is it far?	**¿Está lejos?**
	¿es**ta le**hos?

Taxi

> **Luggage** (p 92)

Boat and ferry

Getting around

la travesía	la tra-be-**see**-a	crossing
el crucero	el kroo-**se**ro	cruise
el camarote	el kama-**ro**te	cabin

When is the next boat/ferry to...?	¿**Cuándo sale el próximo barco/ferry para...?**
	¿**kwan**do **sa**-le el **prok**-seemo **bar**ko/**fe**rry **pa**ra...?
Have you a timetable?	¿**Tienen un horario?**
	¿**tye**-nen oon o-**ra**ryo?
Is there a car ferry to...?	¿**Hay ferry para autos a...?**
	¿**a**-ee ferry **pa**ra ow-tos a...?
How much is a ticket...?	¿**Cuánto cuesta el boleto...?**
	¿**kwan**to **kwes**ta el bo-**le**to...?
single	**de ida**
	de **ee**da
return	**de ida y vuelta**
	de **ee**da ee **bwel**ta
How much is the crossing for a car and ... people?	¿**Cuánto cuesta un pasaje para ... personas y un auto?**
	¿**kwan**to **kwes**ta oon pa-**sa**he **pa**ra ... per-**so**nas ee oon **ow**-to?
How long is the journey?	¿**Cuánto dura el viaje?**
	¿**kwan**to **doo**ra el **bya**-he?

What time do we get to...?	**¿A qué hora llegamos a...?**
	¿a ke **o**-ra ye-**ga**mos a...?
Where does the boat leave from?	**¿De dónde sale el barco?**
	¿de **don**de **sa**-le el **bar**ko?
When is the first/ the last boat?	**¿Cuándo sale el primer/ el último barco?**
	¿**kwan**do **sa**-le el pree-**mer**/ el **ool**-teemo **bar**ko?
Is there somewhere to eat on the boat?	**¿Hay cafetería/restaurante en el barco?**
	¿**a**-ee ka-fete-**ree**-a/ restow-**ran**-te en el **bar**ko?

Air travel

How do I get to the airport?	**¿Cómo se va al aeropuerto?**
	¿**ko**mo se ba al a-ero-**pwer**-to?
To the airport, please	**Al aeropuerto, por favor**
	al a-ero-**pwer**-to, por fa**bor**
Is there a bus to the airport?	**¿Hay algún bus al aeropuerto?**
	¿**a**-ee al-**goon boos** al a-ero-**pwer**-to?
How do I/we get to the centre of (name of town)?	**¿Cómo se va al centro de...?**
	¿**ko**mo se ba al **sen**tro de...?

> **Luggage** (p 92)

Is there a bus to the city centre?	**¿Hay algún bus que vaya al centro?** ¿**a**-ee al-**goon boos** ke **ba**ya al **sen**tro?
Where is the luggage for the flight from...?	**¿Dónde está el equipaje del vuelo de...?** ¿**don**de es**ta** el ekee-**pa**-he del **bwe**-lo de...?

Tengan listos los pasajes **ten**gan **lees**tos los pa-**sa**hes	Have your tickets ready
El embarque se efectuará por la puerta número... el em**bar**-ke se efek-twa-**ra** por la **pwer**ta **noo**-mero...	Boarding will take place at gate number...
Última llamada para los pasajeros del vuelo... **ool**-tee-ma ya-**ma**-da para los pasa-**her**os del **bwe**-lo...	Last call for passengers on flight number...
Su vuelo sale con retraso soo **bwe**-lo **sa**le kon re-**tra**so	Your flight is delayed

> **Luggage** (p 92)

Customs control

•••••••••••••••••••••••••••••••••••••

Check with the relevant embassy or consulate
before you travel, to find out whether you'll need a
visa. When you arrive, you may be given an entry
card (**tarjeta de turista** or **de embarque** or **de
ingreso**) to fill in – keep this with your passport till
you leave the country.

la aduana	la a-**dwa**na	customs
el pasaporte	el pasa-**por**te	passport

Do I have to pay
duty on this?

**¿Tengo que pagar derechos
de aduana por esto?**
¿**teng**o ke pa**gar** de-**re**chos de
a-**dwa**na por **es**to?

It is for my own
personal use
We are on our
way to... (if in
transit through
a country)

Es para uso personal
es **pa**ra **oo**so perso-**nal**
**Estamos aquí de paso.
Vamos a...**
es**ta**-mos a-**kee** de **pa**so.
bamos a...

Driving

Car hire

el permiso/pase/ licencia de conducir el per-**mee**so/**pa**-se/ lee-**sen**-sya de kondoo-**seer**	driving licence
el seguro el se-**goo**ro	insurance

I want to hire a car	**Quisiera alquilar un auto** kee-**sye**ra alkee-**lar** oon **ow**-to
for ... days/the weekend	**para ... días/el fin de semana** **pa**ra ... **dee**-as/el feen de se-**ma**na
What are your rates...?	**¿Qué tarifas tienen...?** ¿ke ta-**ree**fas **tye**-nen...?
per day	**por día** por **dee**-a
per week	**por semana** por se-**ma**na
How much is the deposit?	**¿Cuánto hay que dejar de depósito?** ¿**kwan**to **a**-ee ke de-**har** de de**po**-seeto?

42

Is there a mileage (kilometre) charge?	**¿Hay que pagar kilometraje?** ¿**a**-ee ke pa**gar** keelo-me-**tra**he?
How much?	**¿Cuánto?** ¿**kwan**to?
Is fully comprehensive insurance included in the price?	**¿El seguro a todo riesgo va incluido en el precio?** ¿el se-**goo**ro a **to**do **rye**sgo ba eenkloo-**ee**do en el **pre**syo?
Do I have to return the car here?	**¿Tengo que devolver el auto aquí mismo?** ¿**teng**o ke debol-**ber** el **ow**to a-**kee mee**smo?
By what time?	**¿Para qué hora?** ¿**para** ke **o**-ra?
I'd like to leave it in...	**Quisiera dejarlo en...** kee-**sye**ra de**har**-lo en...

Car hire

YOU MAY HEAR...

Por favor, devuelva el auto con el tanque lleno por fa**bor**, de-**bwel**ba el **ow**-to kon el **tan**ke **ye**no	Please return the car with a full tank

Driving

••

Speed limits vary, so make sure you know what they are before you set out. You should also check the local rules of the road.

Can we park here?	**¿Podemos estacionarnos aquí?**
	¿po**dem**os esta-syo**nar**nos a-**kee**?
Which junction is it for...?	**¿Cuál es la salida de...?**
	¿kwal es la sa-**lee**da de...?
How long can I/ we park for?	**¿Cuánto tiempo se puede estacionar aquí?**
	¿**kwan**to **tyem**-po se **pwe**-de asta-syo**nar** a-**kee**?
We're going to...	**Vamos a...**
	ba-mos a...
What's the best route?	**¿Cuál es la mejor ruta?**
	¿kwal es la me-**hor roo**-ta?
Is the road good?	**¿Está bien la carretera?**
	¿es**ta** byen la ka-rre-**te**ra?

Petrol

•••

There are many different words for service station,
including **gasolinera** (gaso-lee**ne**-ra), **bencinera**
(bensee-**ne**ra), **estación de servicio** (esta-**syon** de
ser-**bee**syo), **surtidor** (soortee-**dor**) and **bomba**
(**bom**ba).

sin plomo seen **plo**mo	unleaded
gasoil/gasóleo ga**sol**/gas-**o** lyo	diesel
el surtidor el sur-tee-**dor**	petrol pump

Is there a petrol station near here?	**¿Hay una gasolinera por aquí cerca?** ¿**a**-ee oona gaso-lee**ne**-ra por a-**kee ser**ka?
Fill it up, please	**Lleno, por favor** **ye**no, por fa**bor**
Can you check the oil/ the water?	**¿Me revisa el aceite/el agua?** ¿me re**bee**-sa el a-**se**-ee-te/ el **a**gwa?
...pesos worth of unleaded petrol	**...pesos de gasolina sin plomo** .. **pe**-sos de gaso-**lee**na seen **plo**mo
Where is...?	**¿Dónde está...?** ¿**don**de es**ta**...?

the air line	**el aire**
	el **a**-ee-re
the water	**el agua**
	el **a**gwa
Can you check the tyre pressure, please?	**¿Me revisa la presión de las llantas, por favor?**
	¿me re**bee**-sa la pre-**syon** de las **yan**tas, por fa**bor**?
Can I pay with this credit card?	**¿Puedo pagar con esta tarjeta de crédito?**
	¿**pwe**-do pa**gar** kon **es**ta tar-**he**ta de **kre**-deeto?

YOU MAY HEAR...

| **¿Qué surtidor usó?** | Which pump did you use? |
| ¿ke soor-tee-**dor** oo**so**? | |

Breakdown

Can you help me?	**¿Puede ayudarme?**
	¿**pwe**-de ayoo-**dar**me?
My car has broken down	**Se me dañó el auto**
	se me da-**nyo** el **ow**-to
The car won't start	**El auto no arranca**
	el **ow**-to no a**rran**-ka
Can you give me a push?	**¿Puede empujarme?**
	¿**pwe**-de em-poo**har**me?

I've run out of petrol	**Me quedé sin gasolina**
	me ke-**de** seen gaso-**lee**na
Is there a garage near here?	**¿Hay un taller por aquí cerca?**
	¿**a**-ee oon ta-**yer** por a-**kee** serka?
The battery is flat	**Se descargó la batería**
	se deskar-**go** la ba-te**ree**-a
I need water	**Necesito agua**
	ne-se-**see**to **a**gwa
It's leaking. .	**Pierde...**
	pyer-de...
petrol/oil/water	**gasolina/aceite/agua**
	gaso-**lee**na/ase-ee-te/**a**gwa
I've a flat tyre	**Tengo una llanta pinchada**
	tengo oona **yan**ta peen-**cha**da
I can't get the wheel off	**No puedo quitar la llanta**
	no **pwe**-do kee**tar** la yanta
Can you tow me to the nearest garage?	**¿Puede remolcarme hasta el taller más cercano?**
	¿**pwe**-de remol-**kar**me **a**sta el ta-**yer** mas ser**ka**no?
Do you have parts for a...	**¿Tiene repuestos para el...?**
	¿**tye**-ne re-**pwes**tos para el...?
The . . doesn't work properly	**El/La ... no funciona bien**
	el/la ... no foon-**syo**na byen
The ... don't work	**Los/Las ... no funcionan**
	los/las ... no foon-**syo**-nan
I need a mechanic	**Necesito un mecánico**
	nese-**see**to oon me**ka**-neeko

47

Car parts

battery	**la batería**	ba-te**ree**-a
brakes	**los frenos**	**fre**nos
clutch	**el embrague**	em**bra**-ge
distributor	**el distribuidor**	deestree-bwee**dor**
engine	**el motor**	mo**tor**
exhaust pipe	**el tubo de escape**	**too**bo de es**ka**-pe
fuse	**el fusible**	foo**see**-ble
gears	**las velocidades**	belo-see**da**-des
handbrake	**el freno de mano**	**fre**no de **ma**no
headlights	**los faros**	**fa**ros
ignition	**el encendido**	ensen-**dee**do
indicator	**la direccional**	deerek-syo**nal**
points	**los platinos**	pla-**tee**nos
radiator	**el radiador**	radya-**dor**
rear lights	**los pilotos**	pee-**lo**tos
spare wheel	**la refacción**	refak-**syon**
spark plugs	**las bujías**	boo**hee**-as
steering	**la dirección**	deerek-**syon**
tyre	**el neumático la llanta**	ne-oo-**ma**-teeko/ **yan**ta
wheel	**la rueda**	**rwe**-da
windscreen	**el parabrisas**	para-**bree**sas
windscreen wiper	**el limpiaparabrisas**	**leem**pya-para-**bree**sas

Road signs

no parking

no stopping

archeological site

beach

north

give way

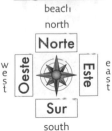

west

Norte

Oeste

Este

Sur

east

south

stop

stop

mechanic

inspection area
Prepare to stop
(Mexico).

parking

50

Staying somewhere

Hotel (booking)

● ●

FACE TO FACE

A Quisiera reservar una habitación
kee-**syera** reser-**bar** oona abeeta-**syon**
I'd like to book a room

B Sí. ¿Para cuántas noches?
see. ¿**pa**ra **kwan**tas **no**ches?
Yes. For how many nights?

A Por tres noches
por tres **no**ches
For three nights

B ¿Con una cama doble o con dos sencillas?
¿kon **oo**na **ka**ma **dob**-le o kon dos sen-**see**-yas?
With a double bed or with two single ones?

A Quiero una cama doble. ¿Qué precio tiene?
kye-ro **oo**na **ka**ma **do**-ble. ¿ke **pre**-syo **tye**-ne?
With a double bed. How much is it?

B 15 dolares la noche
keen-se **do**la-res la **no**che
15 dollars per night

A **¿Está incluido el desayuno?**
¿es**ta** eenkloo-**ee**do el desa-**yoo**no?
Is breakfast included?

B **Sí**
see
Yes

I'd like to book a room...	**Quisiera reservar una habitación...**
	kee-**sye**ra re-ser**bar** oona abeeta-**syon**...
Do you have a room for tonight?	**¿Tiene una habitación para esta noche?**
	¿**tye**-ne oona abeeta-**syon** para **es**ta **no**che?
double	**doble**
	do-ble
single	**individual**
	eendee-bee**dwal**
with bath	**con baño**
	kon **ba**nyo
with shower	**con ducha**
	kon **doo**cha
with a double bed	**con cama doble**
	kon **ka**ma **do**-ble
twin-bedded	**con dos camas**
	kon dos **ka**mas

We'd like to stay ... nights	**Quisiéramos quedarnos ... noches**
	kee-**sye**-ramos ke**dar**-nos ... **no**ches
from... till...	**del... al...**
	del... al...
How much is it...?	**¿Qué precio tiene...?**
	¿ke **pre**syo **tye**-ne...?
per night	**por noche**
	por **no**che
per week	**por semana**
	por se-**ma**na
for half board	**con media pensión**
	kon **med**ya pen**syon**
full board	**con pensión completa**
	kon pen**syon** kom-**ple**ta
with breakfast	**con desayuno**
	kon desa-**yoo**no
Is breakfast included?	**¿Está incluido el desayuno?**
	¿es**ta** eenkloo-**ee**do el desa-**yoo**no?
Is there room service?	**¿Hay servicio de habitaciones?**
	¿**a**-ee ser**bee**-syo de abeeta-**syo**nes?
Can I see the room?	**¿Puedo ver la habitación?**
	¿**pwe**-do ber la abeeta-**syon**?
Have you anything cheaper?	**¿Tiene algo más barato?**
	¿**tye**-ne **al**go mas ba-**ra**to?

YOU MAY HEAR...

Está todo ocupado esta todo okoo-**pa**do	We're full up
¿Para cuántas noches? ¿para **kwan**tas **no**ches?	For how many nights?
¿Su nombre, por favor? ¿soo **nom**-bre, por fa**bor**?	Your name, please?
Por favor confírmelo... por fa**bor** kon**feer**-melo...	Please confirm...
por escrito por es**kree**-to	by letter
por fax por faks	by fax

Hotel desk

....

I booked a room...	**Tengo una habitación reservada...** **ten**go **oo**na abeeta-**syon** reser-**ba**da...
in the name of...	**a nombre de...** a **nom**-bre de...
I'd like to see the room	**Quisiera ver la habitación** kee-**sye**ra ber la abeeta-**syon**
Have you anything else?	**¿No tiene nada más?** ¿no **tye**-ne **na**da mas?

54

Where can I park the car?	**¿Dónde puedo estacionar el auto?**
	¿**don**de **pwe**-do esta-syo**nar** el **ow**-to?
What time is...?	**¿A qué hora es...?**
	¿a ke **o**-ra es...?
dinner	**la cena**
	la **se**na
breakfast	**el desayuno**
	el desa-**yoo**no
The key for room number...	**¿Me da la llave de la habitación...?**
	¿me da la **ya**-be de la abeeta-**syon**...?
I'm leaving tomorrow	**Me voy mañana**
	me boy ma-**nya**na
Please prepare the bill	**¿Me prepara la cuenta, por favor?**
	¿me pre-**pa**ra la **kwen**ta, por fa**bor**?
Can I leave my luggage until...?	**¿Puedo dejar el equipaje hasta...?**
	¿**pwe**-do de-**har** el ekee-**pa**-he **a**sta...?

Hotel desk

Self-catering

• •

If you arrive with no accommodation arranged and
want to go self-catering, look for the sign **Alquiler
de Apartamentos** (apartments to let).

Staying somewhere

Who do we contact if there are problems?	**¿A quién avisamos si hay algún problema?**
	¿a kyen abee-**sa**mos see **a**-ee al-**goon** pro-**ble**ma?
How does the heating work?	**¿Cómo funciona la calefacción?**
	¿**ko**mo foon-**syo**na la kalefak-**syon**?
Is there always hot water?	**¿Hay agua caliente siempre?**
	¿**a**-ee **a**gwa kal**yen**-te **syem**-pre?
Where is the nearest supermarket?	**¿Dónde está el supermercado más cercano?**
	¿**don**de es**ta** el sooper-mer-**ka**do mas ser-**ka**no?
Where do we leave the rubbish?	**¿Dónde se deja la basura?**
	¿**don**de se **de**ha la ba**soo**ra?

Shopping

Shopping phrases

••

FACE TO FACE

A **¿Qué desea?**
¿**ke** de**se**-a?
What would you like?/Can I help you?

B **Quisiera naranjas, piñas y melones**
kee-**sye**-ra na-**ran**has, **pee**nyas ee me-**lo**nes
I want oranges, pineapples and melons

A **¿Cuántas de cada una?**
¿**kwan**tas de **ka**da **oo**na?
How many of each?

B **Una piña, cinco naranjas y un melón**
oona **pee**nya, **seen**ko na-**ran**has ee oon me**lon**
A pineapple, five oranges and a melon

A **¿Algo más?**
¿**al**go mas?
Anything else?

B **No, gracias. ¿Cuánto es todo?**
¿**no**, **gra**syas. **kwan**to es **to**do?
No, thanks. How much do I owe you?

A **Quince pesos**
keense **pe**sos
Fifteen pesos

B **Aquí tiene. Gracias.**
a**kee tye**-ne. **gra**syas.
Here you are. Thank you.

Where is...?	**¿Dónde está...?**
	¿**don**de esta?
Do you have...?	**¿Tiene...?**
	¿**tye**-ne...?
Where can I	**¿Dónde puedo comprar...?**
buy...?	¿**don**de **pwe**-do kom**prar**...?
toys	**juguetes**
	hoo-**ge**tes
gifts	**regalos**
	re-**ga**los
I'm looking for	**Estoy buscando un regalo**
a present for...	**para...**
	estoy boos-**kan**do oon re-**ga**lo
	para...
my mother	**mi mamá**
	mee ma**ma**
a child	**un niño**
	oon **nee**nyo

Can you recommend any good shops?	¿**Puede recomendarme alguna tienda buena?**
	¿**pwe**-de reko-men**dar**-me al-**goo**na **tyen**da **bwe**-na?
Which floor are shoes on?	¿**En qué planta están los zapatos?**
	¿en ke **plan**ta es**tan** los sa-**pa**tos?
Where is the lingerie department?	¿**Dónde está la sección de lencería?**
	¿**don**de es**ta** la sek-**syon** de len-se**ree**-a?
It's too expensive for me	**Me resulta demasiado caro**
	me re-**sool**ta dema-**sya**do **ka**ro
Have you anything else?	¿**No tiene otra cosa?**
	¿no **tye**-ne **o** tra **ko**sa?
Is there a market/ street market?	¿**Hay mercado?**
	¿a-ee mer-**ka**do?
Which day?	¿**Qué día?**
	¿ke **dee**-a?

YOU MAY HEAR...	
¿**Qué desea?**	Can I help you?
¿ke de**se**-a?	
¿**Algo más?**	Would you like anything else?
¿**al**go mas?	

Shops

liquidación/rebajas leekeeda-**syon**/re-**ba**has	sale/reductions
hoy abierto hasta las... oy a-**byer**to **as**ta las...	open today till...

baker's	**panadería**	pana-de**ree**-a
bookshop	**librería**	lee-bre**ree**-a
butcher's	**carnicería**	karnee-se-**ree**-a
cake shop	**pastelería/** **confitería**	pastele-**ree**-a
clothes (women's)	**ropa de dama**	**ro**pa de **da**ma
clothes (men's)	**ropa de** **caballero**	**ro**pa de kaba-**ye**ro
clothes (children's)	**ropa de niños**	**ro**pa de **nee**nyos
dry-cleaner's	**tintorería/** **limpieza** **en seco**	teento-re**ree**-a/ leem-**pye**-sa en **se**ko
fishmonger's	**pescadería**	peska-de**ree**-a
furniture	**mueblería**	mwe-ble-**ree**-a
gifts	**regalos**	re-**ga**los
greengrocer's	**frutería**	froo-te**ree**-a
grocer's	**tienda de** **abarrotes**	**tyen**da de aba-**rro**tes

hairdresser's (men)	**peluquería**	peloo-ke-**ree**-a
	salón de belleza	sa**lon** de be-**ye**sa
health food shop	**alimentos naturales**	alee-**men**tos natoo-**ra**les
household (goods)	**hogar/menaje**	ho**gar**/me-**na**he
ironmonger's	**ferretería**	fe-rrete-**ree**-a
jeweller's	**joyería**	ho-ye**ree**-a
pharmacy	**farmacia**	far-**ma**sya
self-service	**autoservicio**	owto-ser**bee**-syo
shoe shop	**zapatería**	sa-pa-te**ree**-a
shop	**tienda**	**tyen**da
sports	**deportes**	de-**por**tes
stationer's	**papelería**	pa-pe-le**ree**-a
sweet shop	**dulcería**	doolse-**ree**-a
supermarket	**supermercado**	soo-permer-**ka**do
tobacconist's	**estanco**	es-**tan**ko
toys	**juguetes**	hoo-**ge**-tes

Food (general)

● ●

biscuits	**las galletas**	ga-**ye**tas
bread	**el pan**	pan
bread (brown)	**el pan integral**	pan een-te**gral**
bread roll	**el panecillo; el panecito**	pa-ne-**see**-yo; pa-ne-**see**-to

61

butter	**la mantequilla**	man-te-**kee**-ya
cereal	**los cereales**	se-re-**a**-les
cheese	**el queso**	**ke**-so
chicken	**el pollo**	**po**yo
coffee	**el café**	ka-**fe**
(instant)	**(instantáneo)**	(eenstan-**ta**-ne-o)
cream	**la crema**	**kre**ma
crisps	**las papas fritas**	**pa**pas **free**tas
eggs	**los huevos**	**we**-bos
flour	**la harina**	a-**ree**na
herbal tea	**el té;**	te;
	el agua	**a**gwa
	aromática;	aro-**ma**-teeka;
	la infusión;	infoo-**syon**;
	el mate	**ma**-te
honey	**la miel**	myel
jam	**la mermelada**	mer-me**la**-da
margarine	**la margarina**	marga-**ree**na
marmalade	**la mermelada**	mer-me**la**-da
	de naranja	de na-**ran**ha
milk	**la leche**	**le**-che
mustard	**la mostaza**	mos-**ta**sa
olive oil	**el aceite**	a-**se**-ee-te
	de oliva	de o-**lee**ba
orange juice	**el jugo de**	**hoo**go de
	naranja	na-**ran**ha
pepper	**la pimienta**	pee-**myen**ta
rice	**el arroz**	a-**rros**
salt	**la sal**	sal

> Measurements and quantities (p 112)

stock cube	**el cubito de caldo**	koo-**bee**to de **kal**do
sugar	**el azúcar**	a-**soo**kar
tea	**el té**	te
tin of tomatoes	**la lata de tomates**	**la**ta de to**ma**-tes
vinegar	**el vinagre**	bee**na**-gre
yoghurt	**el yogur**	yo**goor**

Food (fruit and veg)

Fruit

apples	**las manzanas**	man-**sa**nas
apricots	**los damascos**	da-**mas**kos
bananas	**los plátanos; los bananos**	**pla**-tanos; ba-**na**nos
cherries	**las cerezas**	se-**re**sas
grapefruit	**la toronja**	to-**ron**ha
grapes	**las uvas**	**oo**-bas
lemon	**el limón**	lee-**mon**
melon	**el melón**	me-**lon**
nectarines	**las nectarinas**	nekta-**ree**nas
oranges	**las naranjas**	na-**ran**has
peaches	**los duraznos**	doo-**ras**nos
pears	**las peras**	**pe**ras
pineapple	**la piña**	**pee**nya

plums	**las ciruelas**	see-**rwe**-las
raspberries	**las frambuesas**	fram-**bwe**-sas
strawberries	**las frutillas;**	froo-**tee**-yas;
	las fresas	**fre**-sas
watermelon	**la sandía**	san-**dee**-a

Vegetables

asparagus	**los espárragos**	es**pa**-rragos
carrots	**las zanahorias**	sana-**o**-ryas
cauliflower	**el/la coliflor**	kolee-**flor**
celery	**el apío**	**a**-pyo
courgettes,	**el calabacín;**	cala-ba-**seen**;
zucchini	**la calabacita;**	cala-ba-**see**ta;
	el zapatillo	sa-pa-**tee**-yo
French	**las judías**	hoo**dee**-as
beans	**verdes**	**ber**-des
garlic	**el ajo**	**a**-ho
leeks	**los puerros**	**pwe**-rros
lettuce	**la lechuga**	le-**choo**ga
mushrooms	**los**	champee-**nyo**-nes
	champiñones	
onions	**las cebollas**	se-**bo**yas
peas	**los chícharos**	**chee**-charos
peppers	**los pimientos**	pee-**myen**tos
potatoes	**las papas**	**pa**-pas
spinach	**las espinacas;**	espee-**na**kas;
	acelgas	a-**sel**-gas
tomatoes	**los tomates**	to**ma**-tes

Clothes

•••

Size for clothes is **la talla**. Size for shoes is **el número**.

FACE TO FACE

A **¿Dónde me las puedo probar estas blusas?**
¿**don**de me **pwe**-do pro**bar es**tas **bloo**sas?
Where can I try these blouses?

B **Los probadores están allá, a la derecha**
los proba-**do**-res es**tan** a**ya**, a la de-**re**cha
The changing rooms are there on the right

A **Me gustan éstas dos. ¿Las tiene en talla 32?**
¿Me **goos**tan **es**tas dos. las **tye**-ne en **ta**ya **treyn**ta ee dos?
I like these two. Do you have them in size 32?

B **Sí. ¿Y el color también le gusta?**
see. ¿ee el ko**lor** tam**byen** le **goos**ta?
Yes, and do you like the colour too?

A **¿En qué otros colores las tiene?**
¿en ke **o**-tros ko**lo**res las **tye**-ne?
Which other colours do you have?

B **Verde, azul, amarillo y blanco**
ver-de, a**sool** ama-**ree**-yo ee **blan**ko
Green, blue, yellow and white

A **Me llevo esta rosada y una blanca**
Me **ye**bo **es**ta ro**sa**da ee **oo**na **blan**ka
I'll take this pink one and a white one

Clothes

65

May I try this on?	**¿Puedo probarme esto?**
	¿**pwe**-do pro**bar**-me **es**to?
Where are the changing rooms?	**¿Dónde están los probadores?**
	¿**don**de es**tan** los proba-**do**-res?
I take size 42 (clothes)	**Uso la cuarenta y dos**
	ooso la kwarenta ee **dos**
I take size 39 (shoes)	**Uso el treinta y nueve**
	ooso el tre-eenta ee **nwe**-be
It doesn't fit me	**No me queda bien**
	no me **ke**-da byen
Have you a bigger/smaller size?	**¿Tiene una talla mayor/ menor?**
	¿**tye**-ne oona **ta**ya ma-**yor**/ me**nor**?
Do you have this...?	**¿Tiene esto...?**
	¿**tye**-ne **es**to...?
in my size	**en mi talla**
	en mee **ta**ya
in other colours	**en otros colores**
	en **o**-tros ko**lo**-res
I'd like to return...	**Quiero devolver...**
	kyero debol**ber**...
Can I have my money back?	**¿Me devuelven el dinero?**
	¿me de-**bwel**ben el dee-**ner**o?
I'm just looking	**Solo estoy mirando**
	solo es**toy** mee-**ran**do
I'll take it	**Me lo llevo**
	me lo **ye**bo

> **Paying** (p 91) > **Numbers** (p 114)

Clothes (articles)

● ●

belt	**el cinturón**	seentoo-**ron**
blouse	**la blusa**	**bloo**sa
bra	**el brasier**	bra-**syer**
coat	**el abrigo;**	a-**bree**go;
	el saco	**sa**-ko
	(can also mean 'cardigan' or 'jumper')	
dress	**el vestido**	bes-**tee**do
gloves	**los guantes**	**gwan**-tes
hat	**el sombrero**	som-**bre**ro
hat (woollen)	**el gorro**	**go**-rro
jacket	**la chaqueta**	cha-**ke**-ta
knickers	**los calzones**	kal-**so**nes
nightdress	**el camisón**	kamee-**son**
pyjamas	**la piyama**	pee-**ya**ma
raincoat	**el impermeable**	eemper-me-**a**-ble
sandals	**las sandalias**	san**da**-lyas
scarf (woollen)	**la bufanda**	boo-**fan**da
shirt	**la camisa**	ka-**mee**sa
shorts	**el short**	sort
skirt	**la falda**	**fal**da
slippers	**las pantuflas**	pantoo-flas
suit	**el traje**	**tra**-he
swimsuit	**el traje de baño;**	**tra**-he de **ba**nyo;
	el bañador	banya-**dor**
tie	**la corbata**	kor**ba**-ta
tights	**las medias**	**me**-dyas

tracksuit	**la sudadera**	sooda-**de**-ra
trousers	**los pantalones**	panta-**lo**-nes
t-shirt	**la camiseta**	kamee-**se**-ta
underpants	**los calzoncillos**	kalson**see**-yos
zip	**el cierre;**	**sye**-rre;
	la cremallera	krema-**ye**-ra

Maps and guides

Have you...?	**¿Tiene...?**
	¿**tye**-ne...?
a map of	**un plano de...**
(name of town)	oon **pla**no de...
a map of the	**un mapa de la zona**
region	oon **ma**pa de la **so**na
Can you show me	**¿Puede indicarme en el mapa**
where ... is on	**dónde está...?**
the map?	¿**pwe**-de eendee-**kar**-me en el
	mapa **don**de es**ta**...?
Do you have a	**¿Tiene algún mapa detallado**
detailed map	**de la zona?**
of the area?	¿**tye**-ne al-**goon ma**pa
	deta-**ya**do de la **so**na?
Do you have a	**¿Tiene alguna guía/algún**
guide book/	**folleto en inglés?**

> **Paying** (p 91)

a leaflet in English?	¿**tye**-ne al-**goo**na **gee**-a/al-**goon** fo-**ye**to en een-**gles**?
Where can I/we buy an English newspaper?	¿**Dónde se pueden comprar periódicos ingleses?** ¿**don**de se **pwe**-den kom**prar** peree-**o**-deekos een-**gle**-ses?
Do you have any English newspapers/ novels?	¿**Tiene periódicos ingleses/ novelas inglesas?** ¿**tye**-ne peree-**o**-deekos een-**gle**-ses/no**be**-las een-**gle**-sas?

Post office

(la oficina de) correos (la ofee-**see**na de) ko-**rre**-os	post office
el buzón el boo-**son**	postbox, letterbox
las estampillas las estam-**pee**-yass	stamps

| Do you sell stamps? | ¿**Vende estampillas?** ¿**ben**-de estam-**pee**-yas? |
| Is there a post office near here? | ¿**Hay una oficina de correos por aquí cerca?** ¿**a**-ee oon ofee-**see**na de ko-**rre**-os por a-**kee ser**ka? |

69

Can I have stamps for ... postcards to Great Britain?	**¿Me da estampillas para ... postales para Gran Bretaña?** ¿me da estam-**pee**-yas para ... pos**ta**-les para gran bre-**ta**nya?
How much is it to send this parcel?	**¿Cuánto cuesta mandar este paquete?** ¿**kwan**to **kwes**ta man**dar es**te pa-**ke**-te?
by air/by priority post	**por avión/por correo urgente** por a-**byon**/por ko-**rre**-o oor-**hen**-te
How long will it take?	**¿Cuánto tiempo toma en llegar?** ¿**kwan**to **tyem**po **to**ma en ye**gar?**
It's a gift	**Es un regalo** es oon re-**ga**lo
The value of the contents is ... pesos/soles/ dólares, etc	**El valor es de ... pesos/soles/ dólares, etc** el ba**lor** es de ... **pe**-sos /**so**-les/ **do**-lar-es, etc

YOU MAY HEAR...

Llene este formulario **ye**ne **es**te formoo-**la**ryo	Fill in this form

> **Money** (p 89) > **Paying** (p 91)

Photos

• •

A video tape for this camcorder	**Una cinta para esta videocámara** oona **seen**ta para **es**ta bee-de-o-**ka**mara
A memory card for this digital camera	**Una tarjeta de memoria para esta cámara** oona tar-**he**ta de me-**mo**-ree-a para **es**ta **ka**mara
Have you batteries...?	**¿Tiene pilas...?** ¿**tye**ne **pee**las ?
for this camera/ this camcorder	**para esta cámara/esta videocámara** para **es**ta **ka**-mara/esta bee-de-o-**ka**mara
Is it OK to take pictures here?	**¿Se pueden tomar fotos aquí?** ¿se **pwe**-den to**mar fo**tos a-**kee**?
Would you take a picture of us, please?	**¿Podría tomarnos una foto, por favor?** ¿po-**dree**-a to**mar**-nos oona **fo**to, por fa**bor**?

Leisure

Sightseeing and tourist office

Where is the tourist office?	**¿Dónde está la oficina de turismo?**
	¿**don**de es**ta** la ofee-**see**na de too-**ree**smo?
What can we visit in the area?	**¿Qué podemos visitar en la zona?**
	¿ke po-**de**mos beesee**tar** en la **so**na?
Have you any leaflets?	**¿Tiene algún folleto?**
	¿**tye**-ne al-**goon** fo-**ye**to?
We'd like to go to...	**Nos gustaría ir a...**
	nos goosta-**ree**-a eer a...
Are there any excursions?	**¿Hay alguna excursión organizada?**
	¿**a**-ee al-**goo**na exkoor-**syon** or-ganee-**sa**da...?
When does it leave?	**¿A qué hora sale?**
	¿a ke **o**-ra **sa**-le?
Where does it leave from?	**¿De dónde sale?**
	¿de **don**de **sa**-le?

72

How much does it cost to get in?	**¿Cuánto cuesta entrar?**
	¿**kwan**to **kwes**ta en-**trar**?
Are there any reductions for...?	**¿Hacen descuento a...?**
	¿**a**-sen des-**kwen**to a...?
children	**los niños**
	los **nee**nyos
students	**los estudiantes**
	los estoo-**dyan**-tes
unemployed	**los desempleados**
	los desem-ple-**a**-dos

Entertainment

. . . .

What is there to do in the evenings?	**¿Qué se puede hacer por las noches?**
	¿ke se **pwe**-de a-**ser** por las **no**ches?
Is there anything for children?	**¿Hay algo para los niños?**
	¿**a**-ee **al**go para los **nee**nyos?
What time does it open?	**¿A qué hora abre?**
	¿a ke **o**-ra **a**-bre?

> Maps and guides (p 68)

73

Leisure/interests

....

Where can I/ we go...?	**¿Adónde se puede ir a...?**
	¿a-**don**de se **pwe**-de eer a...?
fishing	**pescar**
	pes**kar**
riding	**montar a caballo**
	mon**tar** a ka-**ba**yo
Are there any good beaches near here?	**¿Hay alguna playa buena cerca de aquí?**
	¿**a**-ee al-**goo**na **pla**ya **bwe**-na **ser**ka de a-**kee**?
Is there a swimming pool?	**¿Hay piscina?**
	¿**a**-ee pees-**see**na?

Music

....

Are there any good concerts on?	**¿Dan algún buen concierto aquí?**
	¿dan al-**goon** bwen kon-**syer**to a-**kee**?
Where can I get tickets?	**¿Dónde venden las entradas?**
	¿**don**de **ben**-den las en-**tra**das?

> **Making friends** (p 21)

| Where can we hear some traditional music? | ¿Qué sitios hay para escuchar música folclórica? |
| | ¿ke **see**tyos **a**-ee para eskoo-**char moo**-seeka fol**klo**-reeka? |

Cinema

. . . .

v.o (versión original) ver-**syon** oree-hee-**nal**	original version

What's on at the cinema?	¿Qué películas hay en el cine?
	¿ke pe**lee**-koolas **a**-ee en el **see**ne?
When does the film start?	¿A qué hora empieza la película?
	¿a ke **o**-ra em-**pye**sa la pe**lee**-koola?
Is it dubbed or subtitled?	¿Está doblada o subtitulada?
	¿es**ta** do-**bla**-da o soob-tee-too-**la**da?
How much are the tickets?	¿Cuánto cuestan las entradas?
	¿**kwan**to **kwes**tan las en-**tra**das?
Two for the (time) showing	Dos para la sesión de las...
	dos **pa**ra la se-**syon** de las...

Para la sala uno/dos no quedan localidades para la **sa**la **oo**no/dos no **ke**-dan lo-kalee-**da**des	For screen 1/2 there are no tickets left

Theatre/opera

el patio de butacas el **pa**-tyo de boo**ta**kas	stalls
la platea la pla-**te**-a	dress circle
el anfiteatro el anfee-te-**a**-tro	upper circle
el palco el **pal**ko	box
la localidad/el asiento la lokalee**dad**/el as-**yen**to	seat

What's on at the theatre?	**¿Que obra(s) está(n) en el teatro?** ¿ke **o**-bra(s) es**ta**(n) en el te-**a**-tro?
How do we get to the theatre?	**¿Cómo se va al teatro?** ¿**ko**mo se ba al te-**a**-tro?
What prices are the tickets?	**¿De qué precios son las entradas?** ¿de ke pre**syos** son las en-**tra**das?
I'd like two tickets...	**Quisiera dos entradas...** kee-**sye**ra dos en-**tra**das...

for tonight	**para esta noche**
	para **es**ta **no**che
for tomorrow night	**para mañana por la noche**
	para ma-**nya**na por la **no**che
for 5th August	**para el cinco de agosto**
	para el **seen**ko de a-**gos**to
in the stalls	**de patio de butacas**
	de **pa**tyo de boo-**ta**kas
in the dress circle	**de platea**
	de pla-**te**-a
in the upper circle	**de anfiteatro**
	de anfee-te-**a**-tro
How long is the interval?	**¿Cuánto dura el descanso?**
	¿**kwan**to **doo**ra el des-**kan**so?
Is there a bar?	**¿Hay bar?**
	¿**a**-ee bar?
When does the performance begin/end?	**¿Cúando empieza/termina la obra?**
	¿**kwan**do em-**pye**sa/ter-**mee**na la **o**-bra?
I enjoyed the play	**Me gustó mucho la obra**
	me goos-**to** **moo**cho la **o**-bra
It was very good	**Fue muy buena**
	fwe mwee **bwe**-na

Television

• •

la telenovela la te-le-no**bel**a	soap
las noticias las no-**tees**-yas	news
encender ensen-**der**	to switch on
apagar apa-**gar**	to switch off
el programa el pro-**gra**ma	programme

Where is the television?	**¿Dónde está el televisor?** ¿**don**de es**ta** el te-lebee-**sor**?
How do you switch it on?	**¿Cómo se enciende?** ¿**ko**mo se en**syen**-de?
Which button do I press?	**¿Qué botón tengo que pulsar?** ¿ke bo**ton ten**go ke pool-**sar**?
Please could you lower the volume?	**Por favor, ¿podría bajar el volumen?** ¿por fa**bor**, po-**dree**-a ba**har** el bo**loo**-men?
May I turn the volume up?	**¿Puedo subir el volumen?** ¿**pwe**-do soo**beer** el bo**loo**-men?
What's on TV?	**¿Qué hay en la tele?** ¿ke **a**-ee en la **te**-le?
When is the news?	**¿Cúando son las noticias?** ¿**kwan**do son las no-**tee**-syas?

Leisure

Do you have any English-language channels?	¿Hay alguna cadena en inglés?
	¿**a**-ee al-**goo**na ka-**de**na en een-**gles**?
When are the children's programmes?	¿Cuándo hay programas infantiles?
	¿**kwan**do **a**-ee pro-**gra**mas een-fan**tee**-les?
Do you have any English videos?	¿Tiene algún vídeo en inglés?
	¿**tye**-ne al-**goon bee**-de-o en een-**gles**?

Sport

• •

Where can I/we...?	¿Dónde se puede...?
	¿**don**de se **pwe**-de...?
play tennis	jugar al tenis
	hoo**gar** al **te**nees
play golf	jugar al golf
	hoo**gar** al golf
go swimming	ir a nadar
	eer a na**dar**
go jogging	ir a correr
	eer a ko-**rrer**
How much is it per hour?	¿Cuánto cuesta la hora?
	¿**kwan**to **kwes**ta la **o**-ra?

Do you have to be a member?	**¿Hay que ser socio?**
	¿**a**-ee ke ser **so**-syo?
Do they hire out...?	**¿Alquilan...?**
	¿al**kee**-lan...?
rackets	**raquetas**
	ra-**ke**-tas
golf clubs	**palos de golf**
	palos de golf
We'd like to go to see (name team) play	**Nos gustaría ir a ver jugar al...**
	nos goosta-**ree**-a eer a ber hoo**gar** al...
Where can we get tickets?	**¿Dónde venden las entradas?**
	¿**don**de **ben**-den las en-**tra**das?
How do we get to the stadium?	**¿Cómo se va al estadio?**
	¿**ko**mo se ba al es-**ta**dyo?
What sports do you play? (familiar)	**¿Qué deportes practicas?**
	¿ke de**por**-tes prak-**tee**kas?

Walking

∙∙∙∙∙∙∙∙∙∙∙∙∙∙∙∙∙∙∙∙∙∙∙∙∙∙∙∙∙∙∙∙∙∙∙∙∙

Are there any guided walks?	**¿Organizan recorridos a pie con guía?**
	¿orga-**nee**san reko-**rree**dos a pye kon **gee**-a?
Do you have details?	**¿Me puede dar información?**
	¿me **pwe**-de dar eenfor-ma**syon**?
Do you have a guide to local walks?	**¿Tiene alguna guía de esta zona que traiga recorridos a pie?**
	¿**tye**-ne al-**goo**na **gee**-a de **es**ta **so**na ke **tray**ga reko-**rree**dos a pye?
How many kilometres is the walk?	**¿De cuántos kilómetros es la excursión?**
	¿de **kwan**tos kee**lo**-metros es la eskoor-**syon**?
How long will it take?	**¿Cuánto se tarda?**
	¿**kwan**to se **tar**da?
Is it very steep?	**¿Hay mucha subida?**
	¿**a**-ee **moo**cha soo-**bee**da?
We'd like to go climbing	**Nos gustaría hacer montañismo**
	nos goosta-**ree**-a a-**ser** monta-**nyees**-mo

> **Maps and guides** (p 68)

Walking

Communications

Telephone and mobile

Some Latin American towns and cities have a telephone exchange where an operator dials the number for you and you make your call from a booth. You can also use public phones, for which you'll need a phonecard: these are available from grocers, pharmacies and news-stands.

FACE TO FACE	
A	**¿Aló?**
	¿a**lo**?
	Hello
B	**Quisiera hablar con ...**
	kee-**sye**-ra a-**blar** kon ...
	I'd like to speak to ...
A	**¿De parte de quién?**
	¿de **par**-te de kyen?
	Who's calling?

B **Soy Jim Brown**
soy yeem brown
It's Jim Brown

A **Un momento**
oon mo-**men**-to
Just a moment

A phonecard, please	**Una tarjeta telefónica, por favor**
	oona tar-**he**ta te-le**fo**-neeka, por fa**bor**
I want to make a phone call	**Quisiera hacer una llamada telefónica**
	kee-**sye**ra a**ser** oona ya-**ma**da te-le**fo**-neeka
Where can I buy a phonecard?	**¿Dónde venden tarjetas telefónicas?**
	¿**don**de **ben**-den tar-**he**tas te-le**fo**-neekas?
Do you have a mobile?	**¿Tiene celular?**
	¿**tye**-ne seloo-**lar**?
My mobile number is...	**Mi número de celular es...**
	mee **noo**-mero de seloo-**lar** es...
What's your mobile number?	**¿Cuál es su número de celular?**
	¿kwal es soo **noo**-mero de seloo-**lar**?
Mr Lopez, please	**El señor López, por favor**
	el se**nyor lo**pes, por fa**bor**

83

Extension... (number)	**Extensión...** es-ten**syon**...
Can I speak to...?	**¿Puedo hablar con...?** ¿**pwe**-do a-**blar** kon...?
Is Valle there?	**¿Está Valle?** ¿es**ta ba**-ye?
It's me	**Soy yo** soy yo
I want to make an outside call, can I have a line?	**Quisiera llamar fuera, ¿me da línea?** kee-**sye**ra ya**mar fwe**-ra, ¿me da **lee**-ne-a?
I'll call back...	**Le/La volveré a llamar...** le/la bolbe-**re** a ya**mar**...
later	**más tarde** mas **tar**-de
tomorrow	**mañana** ma-**nya**na

YOU MAY HEAR...

¿Con quién hablo? ¿kon kyen **a**-blo?	Who am I talking to?
No cuelgue, por favor no **kwel**-ge, por fa**bor**	Hold the line, please
Ahora pasa a-**o**ra **pa**sa	He/She is coming
Está ocupado es**ta** okoo-**pa**do	It's engaged

¿Puede volver a llamar más tarde? ¿**pwe**-de bol**ber** a ya**mar** mas **tar**-de?	Can you try again later?
¿Quiere dejar algún mensaje? ¿**kye**-re de**har** al-**goon** men-**sa**he?	Do you want to leave a message?
Se equivocó de número se a ekee-bo**ko** de **noo**-mero	You have the wrong number
Deje su mensaje después de oir la señal (answering machine) **de**he soo men**sa**-he des-**pwes** de o-**eer** la se**nyal**	Please leave a message after the tone
Por favor, se ruega apagar los teléfonos celulares por fa**bor** se **rwe**-ga a-pa**gar** los te-le-fonos seloo-**lar**es	Please turn off your mobiles

Telephone and mobile

85

E-mail

•••

New message:	**Nuevo mensaje:**
To:	**Para:**
From:	**De:**
Subject:	**Asunto:**
Forward:	**Reenviar:**
Inbox:	**Bandeja de entrada:**
Sent items:	**Enviados:**
Attachment:	**Archivo adjunto:**
Send:	**Enviar:**

Do you have (an) e-mail (address)?	**¿Tiene (dirección de) email?** ¿**tye**-ne (deerek-**syon** de) **ee**-meyl?
What is your e-mail address?	**¿Cuál es su correo electrónico?** ¿kwal es soo ko**rre**-o elek-**tro**nee-ko?
How do you spell it?	**¿Cómo se escribe?** ¿**ko**mo ses-**kree**-be?
All one word	**Todo junto** **to**do **hoon**-to
All lower case	**Todo en minúscula(s)** **to**do en mee-**noos**-koo-la(s)

My e-mail address is...	**Mi (dirección de) email es...**
	mee (deerek-**syon** de) **ee**-meyl es...
caroline.smith@bit.co.uk	**caroline punto smith arroba bit punto co punto uk**
	karoleen **poon**-to smees a-**rro**-ba beet **poon**-to ko **poon**-to oo ka
Can I send an e-mail?	**¿Puedo mandar un email?**
	¿**pwe**-do man**dar** oon **ee**-meyl?
Did you get my e-mail?	**¿Le llegó mi email?**
	¿le ye-**go** mee **ee**-meyl?

Internet

. . . .

inicio ee**nee**-syo	home
nombre de usuario/id **nom**-bre de oo-**swa**ryo/ay-dee	username
navegar por internet na-be-**gar** por **een**-ter-net	to browse
buscador boos-ka-**dor**	search engine
contraseña kontra-**se**nya	password
contacte con nosotros kon-**tak**-te kon no-**so**tros	contact us
volver al menú bol**ber** al me**noo**	back to menu
mapa del sitio **ma**pa del **see**-tyo	sitemap

Internet

Are there any internet cafés here?	**¿Hay algún cibercafé aquí?** ¿**a**-ee al-**goon** see-ber-ka-**fe** a-**kee**?
How much is it to log on for an hour?	**¿Cuánto cuesta una hora de conexión?** ¿**kwan**to **kwes**ta oona **o**-ra de konek-**syon**?
I can't log on	**No puedo conectarme** no **pwe**-do konek-**tar**me

Practicalities

Money

You can usually pay for purchases in local currency or US dollars, although dollars are less likely to be accepted away from tourist areas. You can change money at banks or **casas de cambio** (exchange bureaux), many of which stay open late and at weekends. Cash machines issue local currency (and often dollars) but charge commission.

la tarjeta de crédito la tar-**he**ta de **kre**-dee-to	credit card
pagar en efectivo pa**gar** en e-fek-**tee**bo	pay in cash
la factura la fak-**too**ra	invoice
los cheques de viaje los **che**kes de **bya**-he	traveller's cheques

Where can I/we change some money?	**¿Dónde se puede cambiar dinero?**
	¿**don**de se **pwe**-de kam**byar** dee-**ne**ro?
I want to change these traveller's cheques	**Quisiera cambiar estos cheques de viaje**
	kee-**sye**ra kam**byar es**tos **che**kes de **bya**-he
When does the bank open?	**¿A qué hora abre el banco?**
	¿a ke **o**ra **a**-bre el **ban**ko?
When does the bank close?	**¿A qué hora cierra el banco?**
	¿a ke **o**ra o **sye**-rra el **ban**ko?
Can I pay with dollars?	**¿Puedo pagar con dólares?**
	¿**pwe**-do pa**gar** kon **do**-lares?
Where is the nearest cash dispenser?	**¿Dónde está el cajero más cercano?**
	¿**don**de esta el ka-**he**ro mas ser-**ka**-no?
Can I use my card with this cash dispenser?	**¿Puedo usar mi tarjeta en este cajero?**
	¿**pwe**-do oo**sar** mee tar-**he**ta en **es**te ka-**he**ro?
Do you have any small change?	**¿Tiene suelto?**
	¿**tye**-ne **swel**to?

Paying

• •

el importe el eem**por**-te	amount to be paid
la cuenta la **kwen**ta	bill; account
la caja la **ka**-ha	cash desk
la factura la fak-**too**ra	invoice
abone el importe en caja a-**bo**-ne el eem**por**-te	pay at the cash desk
el recibo (de compra) el **re**-see**bo** de **kom**pra	till receipt

How much is it?	**¿Cuánto es?**
	¿**kwan**to es?
How much will it be?	**¿Cuánto me costará?**
	¿**kwan**to me kosta-**ra**?
Can I pay...?	**¿Puedo pagar...?**
	¿**pwe**-do pa**gar**...?
by credit card	**con tarjeta de crédito**
	kon tar-**he**ta de **kre**-deeto
by cheque	**con cheque**
	kon **che**ke
Do you take credit cards?	**¿Aceptan tarjetas de crédito?**
	¿a-**sep**tan tar-**he**tas de **kre**-deeto?
Is service included?	**¿Está incluido el servicio?**
	¿esta cenkloo-**ee**do el ser-**bee**syo?
Put it on my bill	**Póngalo en mi cuenta**
	ponga-lo en mee **kwen**ta

> **Shopping** (p 57)

Paying

I need a receipt, please	**Necesito un recibo, por favor** ne-se-**see**to oon re-**see**bo, por fa**bor**
Do I pay in advance?	**¿Se paga por adelantado?** ¿se **pa**ga por a-delan-**ta**do?
Where do I pay?	**¿Dónde se paga?** ¿**don**de se **pa**ga?
I'm sorry	**Lo siento** lo **syen**to
I've nothing smaller	**No tengo cambio** no **ten**go **kam**-byo

Luggage

paquetería pa-ke-te-**ree**-a	left luggage office
el carrito el ka-**rree**to	(luggage) trolley

My luggage hasn't arrived	**Mi equipaje no llegó** mee ekee-**pa**-he no ye**go**
My suitcase has arrived damaged	**La maleta llegó rota** la ma-**le**ta ye**go ro**ta
What's happened to the luggage on the flight from...?	**¿Qué pasó con el equipaje del vuelo de...?** ¿ke pa**so** kon el ekee-**pa**-he del **bwe**-lo de...?

Puede dejarlo aquí hasta las seis	You may leave it here until 6 o'clock
pwe-de de**har**-lo a-**kee** **a**sta las **se**-ees	

Repairs

. . . .

Repairs while you wait are known as **reparaciones en el acto**.

This is broken	**Se me rompió esto**
	sc me rom-**pyo es**to
Where can I get this repaired?	**¿Dónde me lo pueden arreglar?**
	¿**don**de me lo **pwe**-den a-**rre**-glar?
Is it worth repairing?	**¿Merece la pena arreglarlo?**
	¿me-**re**se la **pe**na a-rre-**glar**lo?
Can you repair...?	**¿Puede arreglarme...?**
	¿**pwe**-de a-rre-**glar**me...?
these shoes	**estos zapatos**
	estos sa-**pa**tos
my watch	**el reloj**
	el re**lo**
How much will it be?	**¿Cuánto me costará?**
	¿**kwan**to me kos-ta**ra**?

> **Breakdown** (p 46)

93

Repairs

Can you do it straightaway?	¿Me lo puede hacer ahora?
	¿me lo **pwe**-de a-**ser** a-**o**ra?
How long will it take to repair?	¿Cuánto tardarán en arreglarlo?
	¿**kwan**to tarda-**ran** en a-rre-**glar**lo?
When will it be ready?	¿Para cuándo estará?
	¿para **kwan**do esta-**ra**?

Laundry

la tintorería	dry-cleaner's
la teento-re-**ree**-a	
la lavandería (automática)	launderette
la labande**ree**-a owto-**ma**tee-ka	
el detergente en polvo	washing powder
el de-ter**hen**te en **pol**bo	

Where can I do some washing?	¿Dónde puedo lavar algo de ropa?
	¿**don**de **pwe**-do la**bar al**go de **ro**pa?
Do you have a laundry service?	¿Tienen servicio de lavandería?
	¿**tye**-nen ser-**bee**syo de laban-de**ree**-a?

Is there a launderette near here?	¿Hay alguna lavandería automática por aquí cerca? ¿**a**-ee al-**goo**na laban-de**ree**-a owto-**ma**tee-ka por a-**kee ser**ka?
What coins do I need?	¿Qué monedas hay que usar? ¿ke mo**ne**-das **a**-ee ke **oo**sar?

Complaints

. . . .

This doesn't work	Esto no funciona **es**to no foon-**syo**na
The ... doesn't work	El/La ... no funciona el/la ... no foon-**syo**na
The ... don't work	Los/Las ... no funcionan los/las ... no foon-**syo**-nan
light	la luz la loos
heating	la calefacción la ka-lefak-**syon**
air conditioning	el aire acondicionado el **a**-ee-re a-kondee-syo-**na**do
There's a problem with the room	Hay un problema con la habitación hay oon pro-**ble**ma kon la abeeta-**syon**

It's noisy	**Hay mucho ruido**
	a-ee **moo**cho **rwee**-do
It's too hot/	**Está muy caliente/muy frío**
too cold (food)	es**ta** mwee kal-**yen**-te/
	mwee **free**-o
The meat is cold	**La carne está fría**
	la **kar**-ne es**ta free**-a
To whom should	**¿Con quién tengo que hablar**
I complain?	**para poner una queja?**
	¿kon kyen **ten**go ke a-**blar** para
	po**ner** oona **ke**-ha?
It's faulty	**Tiene un defecto**
	tye-ne oon de-**fek**to
It's dirty	**Está sucio**
	es**ta soo**-syo
I want my	**Quiero que me devuelvan**
money back	**el dinero**
	kyero ke me de-**bwel**ban
	el dee-**ne**ro

Problems

● ●

Can you help me?	**¿Me puede ayudar?**
	¿me **pwe**-de ayoo-**dar**?
I only speak a	**Sólo hablo un poco de**
little Spanish	**español**
	solo **a**-blo oon **po**ko de espa-**nyol**

Does anyone here speak English?	**¿Hay aquí alguien que hable inglés?**
	¿**a**-ee a-**kee al**gyen ke **a**-ble een-**gles**?
What's the matter?	**¿Qué pasa?**
	¿ke **pa**sa?
I would like to speak to whoever is in charge	**Quiero hablar con el/ la encargado/a**
	kyero a-**blar** kon el/la en-kar**ga**-do/a
I'm lost	**Estoy perdido/a**
	es**toy** per **dee**do/a
How do I get to...?	**¿Cómo voy a...?**
	¿**ko**mo boy a...?
I've missed...	**Perdí...**
	per-**dee**...
my train	**el tren**
	el tren
my plane	**el avión**
	el a-**byon**
my connection	**la conexión**
	la konek-**syon**
I've missed my flight because there was a strike	**He perdido el vuelo porque había una huelga**
	e per-**dee**do el **bwe**-lo **por**ke a**bee**-a oona **wel**ga
The coach has left without me	**El bus se fue y me dejó aquí**
	el-boos se **fwe** ee me de-**ho** a-**kee**

Can you show me how this works?	¿Me puede enseñar como funciona esto?
	¿me **pwe**-de en-se-**nyar ko**mo foon-**syo**na **es**to?
I have lost my purse	Se me perdió el monedero
	se me per-**dyo** el mone-**de**ro
I need to get to...	Tengo que ir a...
	tengo ke er a...
Leave me alone!	¡Déjeme en paz!
	¡**de**-he-me en pas!
Go away!	¡Váyase!
	¡**ba**ya-se!

Emergencies

el/la policía	police,
el/la polee-**see**-a	police(wo)man
la ambulancia	ambulance
la amboo-**lan**sya	
los bomberos	
los bomberos	fire brigade
urgencias oor-**hen**syas	casualty department, A&E

Help!	¡Socorro!
	iso-**ko**rro!
Fire!	¡Fuego!
	i**fwe**-go!
Help me!	¡Ayúdame!
	ia-**yoo**-da-me!
There's been an accident!	¡Ha ocurrido un accidente!
	ia okoo-**rree**do oon aksee-**den**te!
Someone is injured	Hay un herido
	a-ee oon e-**ree**do
Someone has been knocked down by a car	Atropellaron a alguien
	atrope-**ya**-ron a **al**gyen
Call...	Llame a...
	ya me a...
the police	la policía
	la polee-**see**-a
an ambulance	una ambulancia
	oona amboo-**lan**sya
please	por favor
	por fa**bor**
Where is the police station?	¿Dónde está la comisaría?
	¿**don**de es**ta** la komeesa-**ree**-a?
I want to report a theft	Quiero denunciar un robo
	kyero de-noon-**syar** oon **ro**bo
I've been robbed/ attacked	Me robaron/agredieron
	me ro-**ba**-ron/agre-dee-**e**-ron

99

Someone's stolen my...	**Me robaron...**
	me ro-**ba**-ron...
bag	**el bolso**
	el **bol**so
traveller's cheques	**los cheques de viaje**
	los **che**kes de **bya**-he
My car has been broken into	**Me abrieron el auto**
	me a**brye**-ron el **ow**-to
My car has been stolen	**Me robaron el auto**
	me ro**ba**-ron el **ow**-to
I've been raped	**Me violaron**
	me byo-**la**ron
I want to speak to a policewoman	**Quiero hablar con una mujer policía**
	kyero a-**blar** kon oona moo-**her** polee-**see**-a
I need to make an urgent telephone call	**Necesito hacer una llamada urgente**
	ne-se-**see**to a-**ser** oona ya-**ma**da oor-**hen**-te
I need a report for my insurance company	**Necesito un informe para el seguro**
	ne-se-**see**to oon een-**for**me para el se-**goo**ro
I didn't know the speed limit	**No sabía cual era el límite de velocidad**
	no sa-**bee**-a kwal **e**-ra el **lee**-meete de belo-see-**dad**

How much is the fine?	**¿De cuánto es la multa?**
	¿de **kwan**to es la **mool**ta?
Where do I pay it?	**¿Dónde la pago?**
	¿**don**de la **pa**go?
Do I have to pay it straightaway?	**¿Tengo que pagarla inmediatamente?**
	¿**ten**go ke pa**gar**-la een-me**dya**ta-**men**-te?
I'm very sorry	**Lo siento mucho**
	lo **syen**to **moo**cho

Se pasó el semáforo en rojo	You went through a red light
se pa-**so** el se**ma**-foro en **ro**ho	

Health

Pharmacy

....

la farmacia la far-**ma**sya	pharmacy/chemist
la farmacia de turno la far-**ma**sya de **toor**-no	duty chemist
la receta médica la re-**se**ta **med**-eeka	prescription

I don't feel well	**No me encuentro bien** no me en-**kwen**tro byen
Have you something for...?	**¿Tiene algo para...?** ¿**tye**-ne **al**go para...?
a headache	**el dolor de cabeza** el do**lor** de ka-**be**sa
car sickness	**el mareo** el ma-**re**-o
diarrhoea	**la diarrea** la dya-**rre**-a
I have a rash	**Me salió un sarpullido** me sa-**lyo** oon sarpoo-**yee**-do
I feel sick	**Tengo náuseas** **ten**go **now**-syas

Is it safe for children?	**¿Lo pueden tomar los niños?**	¿lo **pwe**-den **to**mar los **nee**nyos?
How much should I give?	**¿Cuánto le doy?**	¿**kwan**to le doy?

YOU MAY HEAR...

Tómelo tres veces al día antes/con/después de las comidas **to**-melo tres **be** ses al **dee**-a **an**-tes/kon/ des-**pwes** de la ko-**mee**da	Take it three times a day before/with/after meals

Body

• •

In Spanish the possessive (my, his, her, etc.) is generally not used with parts of the body, e.g.

<u>My</u> head hurts	**Me duele <u>la</u> cabeza**
<u>My</u> hands are dirty	**Tengo <u>las</u> manos sucias**

ankle	**el tobillo**	to**bee**-yo
arm	**el brazo**	**bra**-so
back	**la espalda**	es-**pal**da
bone	**el hueso**	**we**-so
chin	**la barbilla**	bar-**bee**-ya
ear	**la oreja/el oído**	o-**re**ha/o-**ee**do

elbow	el codo	**ko**do
eye	el ojo	**o**-ho
finger	el dedo	**de**do
foot	el pie	pye
hair	el pelo	**pe**lo
hand	la mano	**ma**no
head	la cabeza	ka-**be**sa
heart	el corazón	kora-**son**
hip	la cadera	ka-**de**ra
joint	la articulación	artee-koola-**syon**
kidney	el riñón	ree-**nyon**
knee	la rodilla	ro**dee**-ya
leg	la pierna	**pyer**-na
liver	el hígado	**ee**-gado
mouth	la boca	**bo**ka
nail	la uña	**oo**nya
neck	el cuello	**kwe**-yo
nose	la nariz	na-**rees**
stomach	el estómago	es**to**-mago
throat	la garganta	gar-**gan**ta
thumb	el pulgar	pool-**gar**
toe	el dedo del pie	**de**do del pye
wrist	la muñeca	moo-**nye**ka

Doctor

You will find private health clinics in all large cities.
For minor health problems you can consult a
pharmacist, who will be able to supply medication
over the counter.

I need a doctor	**Necesito un médico**
	ne se-**see**to oon **me**-deeko
I have a pain here (point)	**Me duele aquí**
	me **dwe**-le a-**kee**
My son/daughter is ill	**Mi hijo/hija está enfermo(a)**
	mee **ee**ho/**ee**ha esta enfermo(a)
He/She has a temperature	**Tiene fiebre**
	tye-ne **fye**-bre
I'm diabetic	**Soy diabético(a)**
	soy dya-**be**teeko(a)
I'm pregnant	**Estoy embarazada**
	estoy emba-ra**sa**-da
I'm on the pill	**Tomo la píldora**
	tomo la **peel**-dora
I'm allergic to penicillin	**Soy alérgico(a) a la penicilina**
	soy a-**ler**hee-ko(a) a la penee-see**lee**-na
My blood group is...	**Mi grupo sanguíneo es...**
	mee **groo**po san**gee**-ne-o es...

Will he/she have to go to hospital?	¿Tendrá que ir al hospital?
	¿ten-**dra** ke eer al ospee-**tal**?
How much will it cost?	¿Cuánto va a costar?
	¿**kwan**to ba a kos**tar**?
I need a receipt for the insurance	Necesito un recibo para el seguro
	ne-se-**see**to oon re-**see**bo para el se-**goo**ro

YOU MAY HEAR...	
Tiene que ser hospitalizado/a **tye**-ne ke ser ospeetalee-**sa**do/a	You will have to be admitted to hospital
No es grave no es **gra**be	It's not serious

Dentist

• •

All dental services are private. Simply book an appointment. It is advisable to get an estimate in advance for any work to be done.

> **Emergencies** (p 98)

Health

I need a dentist	**Necesito un dentista**
	ne-se-**see**to oon den-**tees**ta
He/She has toothache	**Tiene dolor de muelas**
	tye-ne do**lor** de **mwe**-las
Can you do a temporary filling?	**¿Puede hacer un empaste provisional?**
	¿**pwe**-de a-**ser** oon em-**pas**te pro-beesyo-**nal**?
It hurts (me)	**Me duele**
	me **dwe**-le
Can you give me something for the pain?	**¿Puede darme algo para el dolor?**
	¿**pwe**-de **dar**-me **al**go para el do**lor?**
I think I have an abscess	**Creo que tengo un absceso**
	kre-o ke **ten**go oon abs-**se**so
Can you repair my dentures?	**¿Puede arreglarme la dentadura postiza?**
	¿**pwe**-de a-rre-**glar**me la denta-**doo**ra pos-**tee**sa?

YOU MAY HEAR...	
Hay que sacarla **a**-ee ke sa**kar**-la	It has to come out
Voy a ponerle una inyección boy a po**ner**le oona eenyek-**syon**	I'm going to give you an injection

Different types of travellers

Disabled travellers

....

What facilities do you have for disabled people?	**¿Qué instalaciones tienen para discapacitados?** ¿ke eenstala-**syo**-nes **tye**-nen para deeska-pasee-**ta**dos?
Are there any toilets for the disabled?	**¿Hay baños para discapacitados?** ¿**a**-ee **ba**nyos para deeska-pasee-**ta**dos?
Do you have any bedrooms on the ground floor?	**¿Tienen alguna habitación en la planta baja?** ¿**tye**-nen al-**goo**na abeeta-**syon** en la **plan**ta **ba**ha?
Is there a lift?	**¿Hay ascensor?** ¿**a**-ee a-sen**sor**?
Where is the lift?	**¿Dónde está el ascensor?** ¿**don**de es**ta** el asen-**sor**?
Is there an induction loop?	**¿Hay audífonos?** ¿**a**-ee ow-**dee**-fonos?
How many stairs are there?	**¿Cuántas escaleras hay?** ¿**kwan**tas eska-**le**ras **a**-ee?

Do you have wheelchairs?	**¿Tienen sillas de ruedas?**
	¿**tye**-nen **see**-yas de **rwe**-das?
Can you visit ... in a wheelchair?	**¿Se puede visitar ... en silla de ruedas?**
	¿se **pwe**-de beesee**tar** ... en **see**-ya de **rwe**das?
Is there a reduction for disabled people?	**¿Hacen descuento a los discapacitados?**
	¿**a**-sen des-**kwen**to a los deeska-pasee-**ta**dos?
Is there somewhere I can sit down?	**¿Hay algún sitio donde pueda sentarme?**
	¿**a**-ee al-**goon see**tyo **don**de **pwe**-da sen**tar**me?

> **Hotel** (p 51)

With kids

Different types of travellers

A child's ticket	**Un boleto de niño** oon bo-**le**to de **nee**nyo
He/She is ... years old	**Tiene ... años** **tye**-ne ... **a**-nyos
Is there a reduction for children?	**¿Hay descuento para niños?** ¿**a**-ee des-**kwen**to para **nee**nyos?
Do you have a a children's menu?	**¿Tiene menú para niños?** ¿**tye**-ne me-**noo pa**-ra **nee**nyos?
Is it OK to take children?	**¿Está permitido llevar niños?** ¿es**ta** per-mee-**tee**-do **ye**-bar **nee**nyos?
Do you have...?	**¿Tiene...?** ¿**tye**-ne...?
a cot	**una cuna** oona **koo**-na
I have two children	**Tengo dos hijos** **ten**go dos **ee**hos
Do you have any children?	**¿Tiene hijos?** ¿**tye**-ne **ee**hos?

> **Doctor** (p 105)

Reference

Alphabet

···

¿Cómo se escribe? ¿**ko**mo ses-**kree**-be?	How do you spell it?
A de Antonio a de an**to**-nyo	A for Antonio

A	a		**Ñ**	**e**-nye
B	be (**lar**ga)		**O**	o
C	se		**P**	pe
D	de		**Q**	koo
E	e		**R**	**e**-re
F	**e**-fe		**RR**	**e**-rre
G	he		**S**	**e**-se
H	**a**-che		**T**	te
I	ee		**U**	oo
J	**ho**ta		**V**	be (**kor**ta)
K	ka		**W**	**do**-ble he
L	**e**-le		**X**	**e**-kees
M	**e**-me		**Y**	**ee grye**ga *or* ye
N	**e**-ne		**Z**	**se**ta

Measurements and quantities

•••

1 lb = approx. 0.5 kilo, 1 pint = approx. 0.5 litre

Liquids

1/2 litre of...	**medio litro de...**
	medyo **lee**tro de...
a litre of...	**un litro de...**
	oon **lee**tro de...
1/2 bottle of...	**media botella de...**
	medya bo-**te**ya de...
a bottle of...	**una botella de...**
	oona bo-**te**ya de...
a glass of...	**un vaso de...**
	oon **ba**so de...

Weights

100 grams of...	**cien gramos de...**
	syen **gra**mos de...
1/2 kilo of...	**medio kilo de...**
	medyo **kee**lo de...
a kilo of...	**un kilo de...**
	oon **kee**lo de...

Food

a slice of...	**una rebanada de...**
	oona reba-**na**da de...
a dozen...	**una docena de...**
	oona do-**se**na de...
a box of...	**una caja de...**
	oona **ka**ha de...
a packet of...	**un paquete de...**
	oon pa-**ke**-te de...
a tin of...	**una lata de...**
	oona **la**ta de...
a jar of...	**un tarro de...**
	oon **ta**rro de...

Miscellaneous

10 pesos worth of...	**diez pesos de...**
	dyes **pe**sos de.
a third	**un tercio**
	oon **ter**syo
a quarter	**un cuarto**
	oon **kwar**to
ten per cent	**el diez por ciento**
	el dyes por **syen**to
more...	**más...**
	mas...
less...	**menos...**
	menos...

enough	**bastante**
	bas**tan**-te
double	**el doble**
	el **do**-ble
twice	**dos veces**
	dos **be**-ses
three times	**tres veces**
	tres **be**-ses

Numbers

....

0	**cero se**ro
1	**uno oo**no
2	**dos** dos
3	**tres** tres
4	**cuatro kwa**tro
5	**cinco seen**ko
6	**seis se**-ees
7	**siete sye**-te
8	**ocho o**-cho
9	**nueve nwe**-be
10	**diez** dyes
11	**once on**-se
12	**doce do**-se
13	**trece tre**-se
14	**catorce** ka**tor**-se

15	**quince** keen-se
16	**dieciséis** dyesee-**se**-ees
17	**diecisiete** dyesee-**sye**-te
18	**dieciocho** dyesee-**o**cho
19	**diecinueve** dyesee-**nwe**-be
20	**veinte** beyn-te
21	**veintiuno** beyn-tee-**oo**-no
22	**veintidós** beyn-tee-**dos**
23	**veintitrés** beyn-tee-**tres**
24	**veinticuatro** beyn-tee-**kwa**tro
30	**treinta** tre-centa
40	**cuarenta** kwa-**ren**ta
50	**cincuenta** seen-**kwen**ta
60	**sesenta** se-**sen**ta
70	**setenta** se-**ten**ta
80	**ochenta** o-**chen**ta
90	**noventa** no-**ben**ta
100	**cien** syen
110	**ciento diez** syento dyes
500	**quinientos** kee-**nyen**-tos
1,000	**mil** meel
2,000	**dos mil** dos meel
1 million	**un millón** oon mee-**yon**

1st	**primer(o)(a)** 1er/1$^{o/a}$	6th	**sexto(a)** 6$^{o/a}$
	pree-**me**ro/a		**se(k)**sto/a
2nd	**segundo(a)** 2$^{o/a}$	7th	**séptimo(a)** 7$^{o/a}$
	se-**goon**do/a		**sep**-teemo/a
3rd	**tercer(o)(a)** 3er/3$^{o/a}$	8th	**octavo(a)** 8$^{o/a}$
	ter-**se**ro/a		ok-**ta**bo/a
4th	**cuarto(a)** 4$^{o/a}$	9th	**noveno(a)** 9$^{o/a}$
	kwarto/a		no-**ben**o/a
5th	**quinto(a)** 5$^{o/a}$	10th	**décimo(a)** 10$^{o/a}$
	keento		**de**-seemo/a

Days and months

Days

Monday	**lunes**	**loo**-nes
Tuesday	**martes**	**mar**-tes
Wednesday	**miércoles**	**myer**-koles
Thursday	**jueves**	**hwe**-bes
Friday	**viernes**	**byer**-nes
Saturday	**sábado**	**sa**-bado
Sunday	**domingo**	do-**meen**go

Months

January	**enero**	e-**ne**ro
February	**febrero**	fe-**bre**ro
March	**marzo**	**mar**-so
April	**abril**	a-**breel**
May	**mayo**	**ma**-yo
June	**junio**	**hoo**-nyo
July	**julio**	**hoo**-lyo
August	**agosto**	a-**gos**to
September	**septiembre**	sep-**tyem**bre
October	**octubre**	ok-**too**bre
November	**noviembre**	no-**byem**bre
December	**diciembre**	dee-**syem**bre

Seasons

spring	**la primavera**	la preema-**be**ra
summer	**el verano**	el be-**ra**no
autumn	**el otoño**	el oto-**nyo**
winter	**el invierno**	el een-**byer**no

What is today's date?	**¿Qué fecha es hoy?**
	¿ke **fe**cha es oy?
What day is it today?	**¿Qué día es hoy?**
	¿ke **dee**-a es oy?

It's the 5th of March 2007	**Es cinco de marzo de dos mil siete**
	es **seen**ko de **mar**so de dos meel **sye**-te
on Saturday	**el sábado**
	el **sa**-bado
on Saturdays	**los sábados**
	los **sa**-bados
every Saturday	**todos los sábados**
	todos los **sa**-bados
this Saturday	**este sábado**
	este **sa**-bado
next Saturday	**el sábado que viene**
	el **sa**-bado ke **bye**-ne
last Saturday	**el sábado pasado**
	el **sa**-bado pa-**sa**do
in June	**en junio**
	en **hoo**-nyo
at the beginning of June	**a primeros de junio**
	a pree-**me**ros de **hoo**-nyo
at the end of June	**a finales de junio**
	a fee**na**-les de **hoo**-nyo
before summer	**antes del verano**
	an-tes del be-**ra**no
during the summer	**en el verano**
	en el be-**ra**no
after summer	**después del verano**
	des-**pwes** del be-**ra**no

Time

• •

The 24-hour clock is used more often in Latin
America than in Britain. After 1200 midday, it
continues as follows: **1300 – las trece**, **1400 – las
catorce**, **1500 – las quince**, etc. until **2400 – las
veinticuatro**. With the 24-hour clock, the words
cuarto (quarter) and **media** (half) aren't used:

13:15 (1.15 pm)	**las trece quince**
19:30 (7.30 pm)	**las diecinueve treinta**
22:45 (10.45 pm)	**las veintidós cuarenta y cinco**

What time is it, please?	**¿Qué hora es, por favor?**
	¿ke **o**-ra es por fa**bor**?
am	**de la mañana**
	de la ma-**nya**na
pm	**de la tarde**
	de la **tar**-de
It's...	**Son...**
	son...
2 o'clock	**las dos**
	las dos
3 o'clock	**las tres**
	las tres
6 o'clock (etc.)	**las seis**
	las **se**-ees

Time

It's 1 o'clock	**Es la una**
	es la **oo**na
It's 12.00 midday	**Son las doce del mediodía**
	son las **do**-se del medyo-**dee**-a
At midnight	**A medianoche**
	a medya-**no**che
9	**las nueve**
	las **nwe**-be
9.10	**las nueve y diez**
	las **nwe**-be ee dyes
quarter past 9	**las nueve y cuarto**
	las **nwe**-be ee **kwar**to
9.20	**las nueve y veinte**
	las **nwe**-be ee **beyn**-te
9.30	**las nueve y media**
	las **nwe**-be ee **me**-dya
9.35	**las nueve treinta y cinco**
	las **nwe**-be **tre**-eenta ee **seen**ko
quarter to 10	**cuarto para las diez**
	kwarto **pa**ra las dyes
10 to 10	**de diez a diez**
	de dyes a dyes

Time phrases

●●●●●●●●●●●●●●●●●●●●●●●●●●●●●●●●●●●●

When does it open/close?	**¿Cuándo abre/cierra?**
	¿**kwan**do **a**-bre/**sye**-rra?
When does it begin/finish?	**¿Cuándo empieza/termina?**
	¿**kwan**do em-**pye**sa/ter-**mee**na?
at 3 o'clock	**a las tres**
	a las tres
before 3 o'clock	**antes de las tres**
	an-tes de las tres
after 3 o'clock	**después de las tres**
	des**pwes** de las tres
today	**hoy**
	oy
tonight	**esta noche**
	es-ta **no**che
tomorrow	**mañana**
	ma-**nya**na
yesterday	**ayer**
	a-**yer**

Eating out

Eating places

Heladería Ice-cream parlour which also serves milkshakes: **malteadas**.

Pastelería Cake shop.

Panadería Bakery. They often sell snacks and sweets.

Bodega A wine cellar. Rather like a wine bar which serves food.

Restaurante Lunch is generally served from 1.30 to 4 pm and dinner from 7 till late. The menu is displayed outside.

Antojitos A popular and inexpensive alternative is the Antojitos bar – you'll find these wherever you go. It is a good way of trying out different foods.

Cafetería Normally serves some cooked dishes as well as toasted sandwiches (**sándwiches**) and **pasteles** (cakes).

In a bar/café

If you want a strong black coffee ask for **un café solo**. For a white coffee ask for **un café con leche**. Tea tends to be served weak and with lemon. Watch out when you ask for tea with milk, as it is likely that the tea bag will be put straight into hot milk. It is best to ask for the milk to be served separately (**aparte**).

a coffee	**un café**
	oon ka-**fe**
a lager	**una cerveza**
	oona ser-**be**sa
a dry sherry	**un fino**
	oon **fee**no
...please	**...por favor**
	...por fa**bor**

123

a tea...	**un té...**
	oon te...
with milk served separately	**con la leche aparte**
	kon la **le**-che a**par**-te
with lemon	**con limón**
	kon lee-**mon**
for two	**para dos**
	para dos
for me	**para mí**
	para mee
for him/her	**para él/ella**
	para el/**e**-ya
for us	**para nosotros**
	para no-**so**tros
with ice, please	**con hielo, por favor**
	kon **ye**lo, por fa**bor**
no sugar	**sin azúcar**
	seen a-**soo**kar
Have you sweetener?	**¿Tiene sacarina?**
	¿**tye**-ne saka-**ree**na?
A bottle of mineral water	**Una botella de agua mineral**
	oona bo-**te**ya de **a**gwa mee-ne**ral**
sparkling	**con gas**
	kon gas
still	**sin gas**
	seen gas

Other drinks to try

un café con hielo iced coffee

un chocolate rich-tasting hot chocolate, often
served with **churros**

una horchata refreshing tiger nut milk

un jugo juice: **de durazno** peach, **de tomate**
tomato

un anís aniseed apéritif

una malteada milkshake: **de chocolate**
chocolate, **de fresa/frutilla** strawberry,
de vainilla vanilla

In a restaurant

Restaurants will usually have the menu displayed at
the entrance.

I'd like to book a table for ... people	**Quisiera reservar una mesa para ... (personas)** kee-**sye**ra reser-**bar** oona **me**sa para ... (per-**so**nas)
for tonight...	**para esta noche...** **pa**ra **es**ta **no**che...
for tomorrow night...	**para mañana por la noche...** **pa**ra ma-**nya**na por la **no**che...

at 9 pm	**a las nueve**
	a las **nwe**-be
The menu, please	**La carta, por favor**
	la **kar**ta, por fa**bor**
What is the dish of the day?	**¿Cuál es el plato del día?**
	¿kwal es el **pla**to del **dee**-a?
Do you have...?	**¿Tienen...?**
	¿**tye**-nen...?
a set-price menu	**menú del día**
	me**noo** del **dee**-a
a children's menu	**menú para niños**
	me**noo pa**ra **nee**nyos
Can you recommend a local dish?	**¿Puede recomendarnos algún plato típico de aquí?**
	¿**pwe**-de reko-men**dar**-nos al-**goon pla**to **tee**-peeko de a-**kee**?
What is in this?	**¿Qué lleva este plato?**
	¿ke **ye**ba **es**te **pla**to?
I'll have this (point at menu)	**Voy a tomar esto**
	boy a to**mar es**to
Excuse me!	**¡Perdone!**
	¡per-**do**ne!
Please bring...	**¿Nos trae...?**
	¿nos **tra**-e...?
more bread	**más pan**
	mas pan

more water	**más agua**
	mas **a**gwa
another bottle	**otra botella**
	o-tra bo-**te**ya
the bill	**la cuenta**
	la **kwen**ta
Is service included?	**¿Está incluido el servicio?**
	¿es**ta** eenkloo-**ee**do el ser-**bee**syo?

Vegetarian

•••

Don't expect great things – restaurants may not
have a large choice of vegetarian dishes and may
lack a variety of ingredients.

Are there any vegetarian restaurants here?	**¿Hay algún restaurante vegetariano aquí?**
	¿**a**-ee al-**goon** restow-**ran**-te be-heta-**rya**no a-**kee**?
Do you have any vegetarian dishes?	**¿Tienen algún plato vegetariano?**
	¿**tye**-nen al-**goon pla**to be-heta-**rya**no?
Which dishes have no meat/fish?	**¿Cuáles son los platos que no llevan carne/pescado?**
	¿**kwa**-les son los **pla**tos que no **ye**ban **kar** ne/pes-**ka**do?

What fish dishes do you have?	**¿Qué tienen de pescado?**
	¿ke **tye**-nen de pes-**ka**do?
I'd like pasta as a main course	**De primero, quisiera pasta**
	de pree-**mero**, kee-**sye**ra **pas**ta
I don't like meat	**No me gusta la carne**
	no me **goo**sta la **kar**-ne
What do you recommend?	**¿Qué me recomienda?**
	¿ke me reko-**myen**da?
Is it made with vegetable stock?	**¿Está hecho con caldo de verduras?**
	¿es**ta e**-cho kon **kal**do de ber-**doo**ras?

Possible dishes

berenjenas aubergines
ensalada salad
espárragos asparagus
garbanzos chickpeas
tortilla omelette; corn or wheat flatbread

Menu reader

aceite oil
  aceite de oliva olive oil
aceitunas olives
  aceitunas aliñadas (Cub) olives marinated in
  vinegar, lemon and spices
  aceitunas rellenas stuffed olives
acelgas Swiss chard
achicoria chicory
achiote (Mex) red seasoning paste made from
  annatto seeds
aderezo dressing
adobo seasoning paste for meat, made with garlic,
  herbs, spices, lime juice and vinegar
agua water
  agua con gas sparkling water
  agua mineral mineral water
  agua sin gas still water
aguacate avocado
aguardiente brandy; (Col) aniseed-flavoured spirit
ahumado smoked
ají red chilli; chilli sauce
ajiaco potato and chilli stew; (Col) chicken and
  potato soup with corn and capers

ajo garlic

albahaca basil

albaricoque apricot

albóndigas meatballs in sauce

alcachofas artichokes

alcaparras capers

almejas clams

  almejas a la marinera steamed clams cooked
with parsley, wine and garlic

almendras almonds

alubias large white beans found in many stews

amarillos (Per) fried plantains with cinnamon,
sugar and wine sauce

anchoa anchovy

anguila eel

anís aniseed

  anís (seco or **dulce)** aniseed liqueur, dry or sweet,
normally drunk as a long drink with water and ice

antojitos (Mex) similar to Spanish **tapas**. An **antojito**
can be anything from decoratively presented fruit
to a substantial savoury dish. Can be ordered as an
aperitif with drinks (called **botana**) or in a
restaurant as a first course

apio celery

arenque herring

arepa corn pancake, served toasted or fried and
sometimes stuffed

arepera snack bar which sells **arepas**

arroz rice

arveja (Ecu); **alverja** (Col) pea stew
asado mixed grill
asado/a roasted
asopao de pollo (Per) stewed chicken with **adobo**
atún tuna (usually fresh)
auyama/ahuyama (Col, Ven) pumpkin
azafrán saffron
azúcar sugar

bacalao salt cod, cod
banano banana
bandeja paisa (Col) minced beef with sausage, red
  beans, rice, green banana, egg, salt pork and avocado
baño (Nic) beef stew with plantains and cassava
barbacoa (Mex) lamb cooked in a pot
  barbacoa, ...a la barbecued
batata sweet potato
berberechos cockles
berenjena aubergine (eggplant)
berro watercress
besugo red bream
betarraga (Chi, Bol) beetroot
bien asado/a; bien hecho/a well done
bife (Arg, Par, Uru) steak
bistec steak
blanco white (wine)
bocaditos (Cub) snacks
bocas (Cos, Pan) savoury side dishes served in bars
bollos bread rolls, buns

boniatillo (Cub) dessert made from sweet potato with lime, cinnamon, egg yolks and sherry
boniato (Arg, Cub) sweet potato
bori-bori (Par) chicken soup with cornmeal balls
brasa, ...a la barbecued
brevas figs
budín pudding; cake
buey ox
buñuelos (Mex) fried sweet crispy wheat pancakes
burrito (Mex) flour tortilla with bean filling

caballa mackerel
cabra goat
cabrito kid (young goat)
  cabrito al horno roast kid
cacahuate; cacahuete peanut
cacao cocoa
cachapa (Ven) corn pancake served with cheese and/or ham
cachito (Ven) hot croissant filled with ham
café coffee
  café chico (Arg) small cup of coffee
  café cortado coffee with only a little milk
  café de olla (Mex) coffee in a clay pot with sugar and cinnamon
  café descafeinado decaffeinated coffee
  café marrón (Ven) half coffee and half milk
  café negro black coffee
  tinto (Col) black coffee

calabazas marrows
  calabazas rellenas stuffed marrows
calamares squid
  calamares en su tinta squid cooked in its own ink
  calamares fritos fried squid
caldillo cubano (Cub) beef hotpot with onions, tomatoes, potatoes, hot pepper, garlic, brown sugar and cumin
caldo broth, soup
caliente hot
callampas (Chi) mushrooms
callo de hacha (Mex) scallops
camarones prawns; shrimps
  camarones a la plancha grilled prawns
  camarones gigantes king prawns
cambur (Ven) banana
camomila camomile tea
camote sweet potato
caña de azúcar sugar cane
candeal (Arg, Chi) egg flip
canela cinnamon
cangrejo crab
capón capon, (Arg, Chi) mutton
carabineros large prawns
caracoles snails
  caracoles de mar winkles
caracolillos winkles
carbonada (Arg) beef stew with rice, potatoes, squash, apples and peaches

cardo cardoon, plant related to the artichoke
carne meat
carnero mutton
carnitas (Mex) marinated fried pork
carpa carp
casabe cassava bread; cassava flour
casado (Cos) mixed platter including meat or fish, rice, black beans, vegetables, egg or avocado
casamiento (Sal) rice and beans
castaña chestnut
caza game
  caza de temporada game in season
cazuela de mariscos shellfish soup
cebada barley
cebiche or **ceviche** raw fish or shellfish marinated in lime juice
cecina (Mex) thinly-sliced dried salted meat
cebolla onion
cerdo pork
cereales cereal
cerezas cherries
cerveza
  cerveza de barril draught beer
  cerveza de malta dark beer
  cerveza lager lager
  cerveza negra stout
ceviche or **cebiche** raw fish or shellfish marinated in lime juice
chalote spring onion; shallot

champán, champaña champagne

champiñones mushrooms

chauchas (Arg, Chi) string beans

chicha (Per, Bol, Ecu) maize beer

chicharrón pork scratchings

chilaquiles (Mex) breakfast dish of tortilla chips in tomato sauce garnished with raw onion and cheese

chiles chilli peppers

chícharos peas

chimichurri (Arg, Uru) barbecue sauce made with olive oil, garlic and parsley

chinchulines chitterlings

chipirón small squid

chirimoya custard apple

chivito (Uru) steakburger

chivo kid

choclo maize; corn on the cob

choco cuttlefish

chocolate drinking chocolate (thickened)

chorizo spicy red sausage

chuleta chop; cutlet; (Arg) T-bone steak

  chuleta de cerdo pork chop

  chuleta de ternera veal/beef chop

  chuletas de cordero grilled lamb chops

chupe stew; soup

  chupe de camarones (Per) prawn soup

  chupe de cóngrio (Chi) conger eel stew

  chupe de locos (Chi) abalone stew

churrasco barbecued steak

churros fried tubes of dough sprinkled with sugar, usually eaten with thick hot chocolate
cilantro coriander
ciruelas plums
cocada coconut sweet
cocido stew made with various meats, vegetables and chickpeas. Local versions are worth trying
coco coconut
coctel de camarones prawn cocktail
codorniz quail
col cabbage
coles de Bruselas Brussels sprouts
coliflor cauliflower
combinado cocktail
comino cumin
completo (Chi) hot dog with all the trimmings
conejo rabbit
confites sweets
consomé consommé
  consomé de gallina chicken broth
coñac brandy
copa goblet
  copa de helado ice-cream sundae
corazón heart
cordero lamb
  cordero asado roast lamb
cortado (Arg) black coffee with a dash of milk
costillar de cordero rack of lamb
costillas ribs

costillas de cerdo pork ribs
crema cream; cream soup; smooth liqueur
crep, crepa pancake, crêpe
croquetas croquettes (with bechamel sauce)
crudo/a raw
crustáceos shellfish
cuadril rump steak
cubalibre Coca-Cola mixed with white rum or gin
cuy guinea pig

dátiles dates
descafeinado decaffeinated
dulce sweet, dessert
durazno peach
  duraznos en almíbar peaches in syrup

elote corn on the cob
embutido sausage, cold meat
empanada meat turnover; pasty
empanadilla small pie; (Per) plantain or **yuca**
  turnover with meat filling
empanaditas small pies filled with meat or fish
enchiladas (Hon) crisp tortillas stuffed with spiced
  meat, salad and cheese; (Mex) rolled, fried tortillas
  with a variety of fillings including cheese and
  onion or chicken, served covered in sauce
  enchilado/a with chilli; stew with chilli sauce
endulzado/a sweetened
eneldo dill

ensalada salad; (Sal) mixed fruit juice garnished with fruit salad

entomatada (Mex) soft tortilla in tomato sauce

entremeses starters

epazote (Mex) herb used to flavour beans, soups and other dishes

erizos sea urchins

escabeche, ...en pickled

escalfado poached

escalope de ternera veal/beef escalope

espagueti spaghetti

espaldilla (Mex) shoulder of pork

espárragos asparagus

espinacas spinach

espumoso sparkling (wine)

estofado/a braised/stewed

estragón tarragon

fiambre (Mex) pork, avocado and chilli dish

fideos noodles/thin ribbons of pasta (vermicelli)

filete fillet steak

flan crème caramel

frambuesas raspberries

frangollo (Arg, Chi) corn mash; meat and maize stew; (Cub, Per) sweet made from mashed bananas

fresas strawberries

fresco/a fresh, chilled

frescos (Hon) fruit drinks served with water and sugar

frijoles beans
  frijoles blancos butter beans
  frijoles refritos (Mex) mashed, cooked beans fried in oil with onion
frío/a cold
fritada pieces of fried or roast pork
fritanga stew, hotpot; (Bol) spicy pork with maize and mint
frito/a fried
fruta fruit
  fruta del tiempo fruit in season
frutillas strawberries (Arg, Chi, Par, Uru)
frutos secos nuts

galleta biscuit
gallina hen
gallo, gallito cockerel
  gallo pinto (Cos, Nic, Pan) traditional breakfast dish of spiced rice and black beans
gallos (Cos) tortilla sandwiches with a meat, cheese or bean filling
ganso goose
garbanzos chickpeas
garnacha (Mex) tortilla with meat filling
gaseoso/a fizzy
ginebra gin
glaseado/a glazed; iced
granada pomegranate
grasa fat; grease

gratinado/a au gratin

grosellas redcurrants

  grosellas espinosas gooseberries

  grosellas negras blackcurrants

guacamole (Mex) mashed avocado with coriander, onion and lime

guindilla chilli

guisado stew or casserole

guiso (Cos) stew

güisqui whisky

habas broad beans

habichuelas kidney beans

hallaca, hayaca (Ven) chopped meat and vegetables in maize dough, steamed in banana leaves

hamburguesa hamburger

harina flour

heladería ice cream parlour

helado ice-cream

helado/a chilled; iced

hervido/a boiled

hierba, yerba herb

hierbabuena, yerbabuena mint

hígado liver

higos figs

hojuela puff pastry

hongos mushrooms

horchata (Cos) rice-based drink flavoured with cinnamon

horchata de cebada (Sal) barley-based drink
flavoured with cinnamon
horneado/a baked
horno, ...al baked/roast (in oven)
hortalizas vegetables
hueva (Mex) cod roe
huevo egg
  huevo duro hard-boiled egg
  huevo estrellado or **frito** fried egg
  huevo tibio soft-boiled egg
  huevos rancheros (Mex) fried eggs on a fried
  tortilla, smothered in hot chilli and tomato sauce
  huevos revueltos scrambled eggs
humita ground maize; (Bol) corn dumplings filled
with beef, vegetables and potatoes
húngaros (Uru) spicy hot dogs

jabalí wild boar
jamón ham
jengibre ginger
jueyes (Per) land crabs
jugo juice

kuchen (Chi) fruit pastries; fancy cakes

langosta lobster
langostinos king prawns
laurel bay leaf

lawa (Bol) soup thickened with wheat maize or flour
leche milk
lechón suckling pig
lechona (Col) pig stuffed with pork, rice and peas
  and baked
lechuga lettuce
legumbres fresh or dried pulses
lengua tongue
lenguado sole
lentejas lentils
levantamuertos vegetable broth
licor liqueur; spirit
licuado (Mex) cold drink of fruit with water or milk
liebre hare
lima lime
limón lemon
limonada lemonade (normally canned and fizzy)
locro (Arg, Par) maize stew; (Ecu) potato soup topped
  with corn and avocado or cheese
lomo loin of pork
longaniza spicy pork sausage

macarrones macaroni
macedonia de fruta fruit salad
maíz sweetcorn
manchamanteles (Mex) sloppy chicken
mandarina tangerine
maníes peanuts
manitas de cerdo pig's trotters

mantequilla butter

manzana apple

manzanilla camomile tea

maracuyá passion fruit

marinado marinated

mariscos shellfish; seafood

matambre relleno stuffed, rolled beef

mate (Arg, Par, Uru) tea made from **yerba mate**
   mate de coca (Bol, Per) coca-leaf tea

mayonesa mayonnaise

mazamorra maize porridge

mazapán marzipan

mazorca corn on the cob

medallón thick steak (medallion)

medialunas (Arg) small croissants

medianoche (Per) ham, cheese and pork sandwich

mejillones mussels

membrillo quince jelly

menta mint

menudencias giblets

menudos offal; giblets; tripe stew

merluza hake

mermelada jam

miel honey

milanesa escalope, schnitzel

milhojas millefeuilles

mojo isleño (Per) piquant tomato sauce often
   served with fish

mole (Mex) traditional Mexican chilli sauce; meat cooked in this sauce

mollejas sweetbreads

montados small sandwiches served as appetizers

moras blackberries

morcilla black pudding

moros y cristianos (Cub) boiled rice, black beans and onions served with garlic sausage

moscatel muscat grape wine, sweet and fragrant

mostaza mustard

mosto grape juice, (Par) sugar cane juice

mote boiled wheat; boiled maize

nabo turnip

naranja orange

naranjada orangeade

natilla (Cos) sour cream

natillas custard

níspero loquat

nopal (Mex) prickly pear cactus leaves

nuez nut; walnut

nuez moscada nutmeg

olímpicos (Uru) club sandwiches

olla stew made traditionally with white beans, beef and bacon

  olla podrida thick cured ham, vegetable and chickpea stew/soup

olores spices

oporto port

orejón dried apricot

ostiones scallops; (Cub) appetizer or drink containing oysters or mussels with rum and lime juice

ostras oysters

paila marina (Chi) seafood chowder

paleta topside of beef

palmitos (Cos) palm hearts

paloma pigeon

palta (Bol, Per, Arg, Chi, Par, Uru) avocado

  palta a la jardinera (Per) avocado filled with cold vegetables in mayonnaise

  palta a la reina (Per) avocado with chicken salad

pan bread

  pan integral brown bread

pancho (Arg, Uru) hot dog

pancito (bread) roll

pan dulce (Mex) sweetened bread

panecillo bread roll

panes (Sal) French-style sandwiches filled with chicken or turkey

papas potatoes

  papas de cambray new potatoes

  papas fritas chips; crisps

  papas rellenas (Bol) stuffed potatoes

papitas crisps; chips

parrilla, ...a la grilled

parrillada mixed grill (can be meat or fish)

pasankalla (Bol) puffed maize with caramel

pasas raisins; currants; sultanas

pastel cake; pastry; (Per) **empanadilla** stuffed with raisins, beans and fish or pork

pastelillos (Per) small pastries stuffed with meat and cheese

patacón slice of fried plantain

pato duck

pavo turkey

pebre mild sauce made from vinegar, garlic, parsley and pepper

pechuga de pollo chicken breast

pepino cucumber

pera pear

perca perch (fish)

perejil parsley

pernil leg of pork

pescadilla whiting

pescado fish

  pescaíto small fried fish

pez espada swordfish

picada sauce made of chopped parsley, almonds, pine nuts and garlic; (Arg) snacks

picadillo minced meat; (Cub) minced beef hash with peppers, raisins, ham, spices, olives and rice

picante spicy

pichanga (Arg, Chi) tray of cocktail snacks

pichones young pigeons

pierna leg

pil pil spicy garlic sauce

pimentón (sweet) paprika; (spicy) cayenne pepper

pimienta pepper (spice)

pimientos red and green peppers

  pintado (Col) small white coffee

piña pineapple

piñón pine nut

pipas (Cos) green coconuts served with a straw for drinking the milk

pipian (Mex) pumpkin seed sauce

pique a lo macho (Bol) pieces of grilled beef and sausage served with salad and chips

pisco (Chi, Per) wine spirit

pistacho pistachio

plancha, ...a la grilled

plátano banana; plantain

platija plaice (flounder)

plato dish

  plato del día dish of the day

poco hecho/a rare

pollo chicken

polvorones crumbly cakes made with almonds

porotos beans

posta de pierna leg of pork

postre dessert

potaje thick soup/stew often with pork and pulses

pozole (Mex) pork and corn soup

primer plato first course

puchero hotpot made from meat, chicken or fish

puerros leeks
pulpo octopus
punto: a punto medium
puré de papas mashed potatoes

quesadilla (Mex) fried or grilled corn or flour tortilla
  filled with cheese and various other fillings
quesillo tortilla filled with soft cheese and onions
quesito sweet cheese flan topped with honey
queso cheese
quinoa (Per, Bol, Ecu) grain used to thicken stews

rábanos radishes
rabo tail
rape monkfish
rebozado in batter
refresco soft drink
relleno stuffing; (Bol) stuffed corn fritter
relleno/a stuffed
repollo cabbage
requesón cottage cheese
revoltura (Mex) scrambled eggs with vegetables
riñón kidney
romero rosemary
ron rum
rondón (Cos) seafood and coconut soup
ropa vieja (Pan, Col) shredded beef with rice
rosado rosé (wine)

sal salt

salchichas sausages

salchichón salami-type sausage

salmón salmon

salpicón raw vegetable salad; (Arg, Chi, Per) cold mixed fruit juice; (Col) mixed fruit salad

salpicón de marisco(s) seafood salad

salsa sauce

salteado/a sautéed

sancocho (Pan) chicken and vegetable stew; (Per, Col) mixed vegetable soup with plantains; (Ven) vegetable stew with meat, fish or chicken

sandía watermelon

sándwich sandwich (usually toasted)

sangría red wine mixed with fruit, lemonade, sugar and ice, often with cinnamon added

sardinas sardines

seco dry (wine); (Ecu) dry meat stew with rice

sémola semolina

sepia cuttlefish

sésamo sesame

sesos brains

setas wild mushrooms

sidra cider

sifón soda water

sin cubierto no cover charge

sobrasada paprika-flavoured pork sausage

sofrito seasoning made of fried onions and garlic with annatto seeds

solomillo sirloin

sopa soup

  sopa paraguaya (Par) corn bread with cheese and
  onion

sopes (Mex) small fried corn-dough balls filled with
  beans and sauce and topped with cheese

sopón de pescado (Per) fish soup

sorbete sorbet

submarino (Arg) hot milk with a piece of chocolate

suflé souffle

suspiros meringues

  suspiros de monja meringues with thick custard

tacos (Mex) warmed or fried tortillas filled with
  cooked meat and usually topped with guacamole,
  cream and sauce

tajadas (Nic, Pan, Ven, Col) sliced plantains

tajaditas fried banana crisps

tallarines Chinese-style noodles

tamales (Mex) stuffed corn dumplings wrapped in
  maize husks or banana leaves and fried, grilled or
  baked; (Col) maize dumplings stuffed with rice and
  vegetables, wrapped in banana leaves and steamed

  tamales asados (Cos) sweet corn dumplings

tapado dish of plantain and barbecued meat

tasajo (Pan) dried meat and vegetables

té tea; herbal tea

tembleque (Per) coconut milk and cinnamon
  pudding

tereré (Par) **mate** served chilled

ternasco young lamb

ternera veal/beef

thimpu (Bol) lamb and vegetable stew

tinto red (wine); (Col) small black coffee

tisana herbal tea

tocino bacon

tojori (Bol) corn pudding with cinnamon

tomatada de cordero (Bol) lamb and tomato stew

tomates tomatoes

tomatillo (Mex) berry related to the cape
gooseberry, used for flavouring sauces

tomillo thyme

toronja grapefruit

torrija, torrejas bread dipped in milk and then
fried and sprinkled with sugar and cinnamon

torta tart; cake

tortilla omelette; (Mex) wheat or corn pancakes
(a Mexican staple)

  tortilla española omelette cooked with potatoes

tortuga turtle

tostones fried plantains

trigo wheat

tripa tripe

tripas offal

trucha trout

tucumana (Bol) pasty filled with chicken, egg and
potatoes

turrón nougat

uvas grapes

vaca beef
vapor, ...al steamed
venado venison
veneras scallops
verduras vegetables
vermú vermouth
vinagre vinegar
vinagreta vinaigrette
vino wine
  vino blanco white wine
  vino clarete rosé wine
  vino de mesa table wine
  vino rosado rosé wine
  vino tinto red wine
viudo fish stew

yemas small sweets that look like egg yolks
yerba, hierba herb
yerba mate (Arg, Par, Uru) type of herbal tea
yuca manioc, cassava

zanahorias carrots
zapallo pumpkin

Grammar

Nouns

••

Unlike English, Spanish nouns have a gender:
they are either masculine (**el**) or feminine (**la**).
Therefore the words for 'the' and 'a(n)' must agree
with the noun they accompany – whether
masculine, feminine or plural:

	masculine	feminine	plural
the	el gato	la plaza	los gatos, las plazas
a, an	un gato	una plaza	unos gatos, unas plazas

The ending of the noun will usually indicate
whether it is masculine or feminine:
- **-o** and **-or** are generally masculine
- **-a**, **-dad**, **-ión**, **-tud**, **-umbre** are generally feminine

Note: some feminine nouns beginning with
a stressed **a-** or **ha-** take the masculine article
el, though the noun is still feminine,

e.g. **el agua fresca, el águila negra**. In the plural, however, they take **las**.

Plurals

• •

The articles **el** and **la** become **los** and **las** in the plural. Nouns ending with a vowel become plural by adding **-s**:

    el gato → **los gatos**
    la plaza → **las plazas**
    la calle → **las calles**

If the noun ends in a consonant, **-es** is added:

    el color → **los colores**
    la ciudad → **las ciudades**

Nouns ending in **-z** change their ending to **-ces** in the plural:

    el lápiz → **los lápices**
    la voz → **las voces**

Adjectives

● ●

Adjectives normally follow the noun they describe in Spanish, e.g. **la manzana roja** (the red apple).

Some common adjectives which go before the noun are:

buen good	**gran** great
ningún no, not any	**mucho** much, many
poco little, few	**primer** first
tanto so much, so many	**último** last

e.g. **el último tren** (the last train).

Spanish adjectives change according to the gender of the noun they describe. To make an adjective feminine, the masculine **-o** ending is changed to **-a**, and the endings **-án, -ón, -or, -és** are changed to **-ana, -ona, -ora, -esa**:

masculine	feminine
el libro rojo (the red book)	**la manzana roja** (the red apple)
el hombre hablador (the talkative man)	**la mujer habladora** (the talkative woman)

To make an adjective plural, an **-s** is added to the singular form if it ends in a vowel. If the adjective ends in a consonant, **-es** is added:

155

masculine	feminine
los libros rojos (the red books)	**las manzanas rojas** (the red apples)
los hombres habladores (the talkative men)	**las mujeres habladoras** (the talkative women)

My, your, his, her...

These words also change according to the gender and number of the noun they accompany and not according to the sex of the 'owner'.

	with singular nouns	with plural nouns
my	**mi**	**mis**
your (familiar sing.)	**tu**	**tus**
your (polite sing.)	**su**	**sus**
his/her/its	**su**	**sus**
our	**nuestro** *m*/ **nuestra** *f*	**nuestros** *m*/ **nuestras** *f*
your (polite pl.)	**su**	**sus**
their	**su**	**sus**

There is no distinction between 'his' and 'her' in Spanish: **su billete** can mean either his or her ticket.

I, you, he, she

subject		object	
I	yo	me	me
you (fam. sing.)	tú	you	te
you (polite sing.)	usted (Vd)	you	lo, la. le
he/it	él	him/it	lo, le
she/it	ella	her/it	la, le
we	nosotros/as	us	nos
you (pl)	ustedes (Vds)	you	los, las, les
they (masc.)	ellos	them	los, les
they (fem.)	ellas	them	las, les

Subject pronouns (I, you, he, etc.) are generally
omitted in Spanish, since the verb ending
distinguishes the subject:

| **hablo** | <u>I</u> speak |
| **habla<u>mos</u>** | <u>we</u> speak |

However, they are used for emphasis or to avoid
confusion:

yo voy a Cuzco y él va a Buenos Aires
<u>I</u> am going to Cuzco and <u>he</u> is going to Buenos Aires

Object pronouns are placed before the verb in Spanish:

| **<u>la</u> veo** | I see <u>her</u> |
| **<u>los</u> conocemos** | we know <u>them</u> |

However, in commands or requests they follow the verb:

¡ayúda<u>me</u>!	help <u>me</u>!
¡escúcha<u>lo</u>!	listen to <u>him</u>

except when the command or request is negative:

¡no <u>me</u> ayudes!	don't help <u>me</u>
¡no <u>lo</u> escuches!	don't listen to <u>him</u>

Verbs

● ●

There are three patterns of endings for regular Spanish verbs – those ending -**ar**, -**er** and -**ir** in the dictionary.

	cantar	**to sing**
	canto	I sing
	cantas	you sing
(usted)	**canta**	(s)he sings/you sing
	cantamos	we sing
(ustedes)	**cantan**	they sing/you sing

	comer	**to eat**
	como	I eat
	comes	you eat
(usted)	**come**	(s)he eats/you eat
	comemos	we eat
(ustedes)	**comen**	they eat/you eat

	vivir	**to live**
	vivo	I live
	vives	you live
(usted)	**vive**	(s)he lives/you live
	vivimos	we live
(ustedes)	**viven**	they live/you live

As in French, there are two ways of addressing people in Spanish: the polite form (for people you don't know well or who are older or in some position of authority) and the familiar form (for people you know well, family and children). The polite form is **usted** in the singular and **ustedes** in the plural. You can see from the above that **usted** uses the same verb ending as 'he' and 'she', **ustedes** the same ending as 'they'. Often the words **usted** and **ustedes** are omitted, but the verb ending itself indicates that you are using the polite form. The informal word for you (sing.) is **tú**.

The verb 'to be'

• •

There are two different Spanish verbs for 'to be' – **ser** and **estar**.

Ser is used to describe a permanent state:
  soy inglés   I am English
  es una playa   it is a beach

Estar is used to describe a temporary state or where something is located:

¿cómo está?   how are you?

¿dónde está la playa?   where is the beach?

	ser	**to be**
	soy	I am
	eres	you are
(usted)	es	(s)he is/you are
	somos	we are
(ustedes)	son	they are/you are

	estar	**to be**
	estoy	I am
	estás	you are
(usted)	está	(s)he is/you are
	estamos	we are
(ustedes)	están	they are/you are

Irregular verbs

• •

Other common irregular verbs include:

	tener	**to have**
	tengo	I have
	tienes	you have
(usted)	tiene	(s)he has/you have
	tenemos	we have
(ustedes)	tienen	they have/you have

Grammar

	ir	**to go**
	voy	I go
	vas	you go
(usted)	va	(s)he goes/you go
	vamos	we go
(ustedes)	van	they go/you go

	poder	**to be able**
	puedo	I can
	puedes	you can
(usted)	puede	(s)he can/you can
	podemos	we can
(ustedes)	pueden	they can/you can

	querer	**to want**
	quiero	I want
	quieres	you want
(usted)	quiere	(s)he wants/you want
	queremos	we want
(ustedes)	quieren	they want/you want

	hacer	**to do**
	hago	I do
	haces	you do
(usted)	hace	(s)he does/you do
	hacemos	we do
(ustedes)	hacen	they do/you do

Grammar

	venir	**to come**
	vengo	I come
	vienes	you come
(usted)	**viene**	(s)he comes/you come
	venimos	we come
(ustedes)	**vienen**	they come/you come

Past tense

• •

To form the past tense, e.g. 'I spoke', 'I ate', 'I lived', use the following endings:

	hablé	**comí**	**viví**
	hablaste	**comiste**	**viviste**
(usted)	**habló**	**comió**	**vivió**
	hablamos	**comimos**	**vivimos**
(ustedes)	**hablaron**	**comieron**	**vivieron**

Negatives

• •

To form a negative **no** is placed before the verb:

e.g.	**no hablamos**	we do not/did not speak
	no comieron	they did not eat
	no vive	he does not live

Latin American countries

country	abbr.	nationality
Argentina	(Arg)	argentino(a)
Bolivia	(Bol)	boliviano(a)
Chile	(Chi)	chileno(a)
Colombia	(Col)	colombiano(a)
Costa Rica	(Cos)	costarricense
Cuba	(Cub)	cubano(a)
Ecuador	(Ecu)	ecuatoriano(a)
El Salvador	(ElS)	salvadoreño(a)
Guatemala	(Gua)	guatemalteco(a)
Honduras	(Hon)	hondureño(a)
México	(Mex)	mexicano(a)
Nicaragua	(Nic)	nicaragüense
Panamá	(Pan)	panameño(a)
Paraguay	(Par)	paraguayo(a)
Perú	(Per)	peruano(a)
Republica Dominicana	(RDo)	dominicano(a)
Uruguay	(Uru)	uruguayo(a)
Venezuela	(Ven)	venezolano(a)

English – Spanish

English	Spanish	Pronunciation
A		
able: *to be able*	poder	poder
about (concerning)	sobre	sobre
above	arriba; por encima	a-**rree**-ba; por en-**seema**
abroad	en el extranjero	en el estran-**hero**
to accept	aceptar	asep-**tar**
access	el acceso	ak-**seso**
accident	el accidente	aksee-**dente**
accommodation	el alojamiento	aloha-**myento**
to accompany	acompañar	akompa-**nyar**
account (bank, etc)	la cuenta	**kwenta**
to ache	doler	doler
address	la dirección	deerek-**syon**
address book	la agenda	a-**henda**
admission charge/fee	el precio de entrada	**presyo** de en-**trada**
advance: *in advance*	por adelantado	por adelan-**tado**
to advise	aconsejar	akonse-**har**
A&E	Urgencias	oor-**hens**yas
afraid: *to be afraid of...*	tener miedo de...	tener **myedo** de...
after	después	des-**pwes**
afternoon	la tarde	**tar**-de
again	otra vez	otra bes
against	contra	**kontra**
age	la edad	e-**dad**
ago: *a week ago*	hace una semana	ase **oona** se-**mana**
to agree	estar de acuerdo	estar de a-**kwer**-do
agreement	el acuerdo	a-**kwer**-do
air	el aire	**a**-ee-re
air conditioning	aire acondicionado	deesyo-**nado**
airport	el aeropuerto	aero-**pwerto**
air ticket	el boleto de avión; el pasaje	bo-**leto** de **abyon**; pa-**sahe**
alarm	la alarma	a-**larma**
alarm clock	el despertador	desperta-**dor**
allergic to	alérgico(a) a	a-**ler**-heeko(a) a

English	Spanish	
allergy	la alergia	a-**ler**-hya
to allow	permitir	permee-**teer**
all right (agreec)	de acuerdo	de a-**kwer**-do
almost	casi	**ka**see
alone	solo(a)	**sol**o(a)
already	ya	ya
also	también	tam-**byen**
always	siempre	**syem**pre
ambulance	la ambulancia	amboo-**lans**ya
anaesthetic	la anestesia	anes-**tes**ya
angry	enfadado(a); disgustado(a)	enfa-**dado**(a);; disgus-**tad**o(a)
animal	el animal	anee-**mal**
another	otro(a)	**o**-tro(a)
answer	la respuesta	res-**pwes**-ta
to answer	responder	respon-**der**
antibiotic	el antibiótico	antee-**byo**-teeko
antihistamine	el antihistamínico	anteesta-**mee**-neeko
antiseptic	el antiséptico	antee-**sep**-teeko
any	alguno(a)	al-**goo**-no(a)

English	Spanish	
apartment	el apartamento	aparta-**mento**
to arrange	organizar	organee-**sar**
to arrest	detener	dete-**ner**
arrival	la llegada	ye-**gada**
to arrive	llegar	ye-**gar**
to ask (question)	preguntar	pregoon-**tar**
to ask for	pedir	pe**deer**
aspirin	la aspirina	aspee-**reen**a
ATM	el cajero automático	ka-**hero** owto-**ma**-teeko
to attack	atacar	ata-**kar**
attractive	atractivo(a)	atrak-**teebo**(a)
automatic	automático(a)	owto-**mateeko**(a)
available	disponible	deespo-**nee**-ble
to avoid (issue) (obstacle)	evitar / esquivar	ebee-**tar** / eskee-**bar**
awake: *to be awake*	estar despierto(a)	es-**tar** des-**pyer**to(a)
away *far away*	lejos	**le**hos
awful	espantoso(a)	espan-**toso**(a)

English – Spanish

English – Spanish

B		
backpack	la mochila	mo-**chee**la
bad (weather, news)	mal	mal
(fruit and vegetables)	malo(a)	**mal**o(a)
bag	la bolsa	**bol**sa
baggage	el equipaje	ekee-**pa**-he
baggage reclaim	la recogida de equipajes	reko-**heed**a de ekee-**pa**-hes
bandage	la venda	**ben**da
bank	el banco	**ban**-ko
(river)	la ribera	ree-**ber**a
bank account	la cuenta bancaria	**kwen**ta ban-**kar**ya
bank note	billete	bee-**yet**e
basket	la cesta	**sest**a
bath	el baño	**ban**yo
bathroom	el cuarto de baño	**kwar**-tode **ban**yo
with bathroom	con baño	kon **ban**yo
battery (radio, camera, etc)	la pila	**pee**-la
beach	la playa	**pla**ya

beautiful	hermoso(a)	er-**mos**o(a)
to become	hacerse; convertirse en	a-**serse**; komber-**teerse** en
bed	la cama	**kam**a
bed and breakfast	alojamiento y desayuno	aloha-**myen**to ee desa-**yoon**o
bedroom	el dormitorio	dormee-**tor**yo
before	antes de	**an**-tes de
to begin	empezar	empe-**sar**
behind	detrás de	de-**tras** de
to believe	creer	kre-**er**
to belong to (club)	pertenecer a; ser miembro/socio de	pertene-**ser** a; ser **myem**-bro/ **so**-syo de
below	debajo; por debajo	de-**ba**ho; por de-**ba**ho
bend (in road)	la curva	**koor**ba
beside (next to)	al lado de	al **la**do de
best	el/la mejor	me**hor**
better	mejor	me**hor**

English	Spanish	Pronunciation
between	entre	entre
big	grande	gran-de
bill (in restaurant)	la factura; la cuenta	fak-too-ra; kwenta;
bin	el cubo; la papelera	koobo; pape-lera
biro	el bolígrafo	bo-leegra-fo
birth	el nacimiento	nasee-myento
birthday	el cumpleaños	koomple-a-nyos
bit: *a bit of*	un poco de	oom poko de
bite (insect)	la picadura	peeka-doora
bite (animal)	la mordedura	mor-de-doora
to bite (animal)	morder	mor-der
to bite (insect)	picar	pee-kar
bitten (by animal)	mordido(a)	mor-deedo(a)
bitten (by insect)	picado(a)	pee-kado(a)
bitter (taste)	amargo(a)	a-margo(a)
black	negro(a)	negro(a)
to bleed	sangrar	sa-grar
blond (person)	rubio(a)	rco-byo(a)
blood	la sangre	san-gre
blood group	el grupo sanguíneo	groopo sangee-ne-o
blood pressure	la presión tensión	pre-syon ten-syon
blood test	sanguínea el examen de sangre	sangee-ne-a ek-samen de san-gre
blue	azul	asool
to board (train, etc)	subir	soobeer
boarding card/pass	la tarjeta de embarque	tar-heta de embar-ke
boarding house	la pensión	pen-syon
boat (large)	el barco	barko
boat (small)	la barca	barka
body	el cuerpo	kwer-po
to boil	hervir	e'beer
bone	el hueso	we-so
bone (fish bone)	la espina	es-peena
book	el libro	leebro
to book	reservar	reser-bar
booking	la reservación	reserba-syon

English – Spanish

booking office (train, cinema)	la ventanilla; la taquilla	bentanee-ya; takee-ya	
boot (car)	el maletero; el baúl	male-tero; ba-**ool**	
boots	las botas	bo**tas**	
border (of country)	la frontera	fron-**tera**	
boring	aburrido(a)	aboo-**rreedo**(a)	
born: I was born in...	nací en...	na**see** en...	
boss	el/la jefe(a)	**he**fe(a)	
both	ambos(as)	**ambos**(a)s	
bottle	la botella	bo-**teya**	
a bottle of wine	una botella de vino	oona bo-**teya** de **beeno**	
a half-bottle	media botella	medya bo-**teya**	
box	la caja	**kaha**	
box office	la taquilla	takee-**ya**	
boy	el chico	**cheeko**	
boyfriend	el novio	**nobyo**	
brand (make)	la marca	**mar**ka	
to break	romper	rom-**per**	
to breathe	respirar	respee-**rar**	
bride	la novia	**nob**ya	
bridegroom	el novio	**nob**yo	
bridge	el puente	**pwente**	
bright (colour)	vivo(a)	**beebo**(a)	
to bring	traer	tra**er**	
Britain	Gran Bretaña	gran bre-**tan**ya	
British	británico(a)	bree-**tan**eeko(a)	
brochure	el folleto	fo-**yeto**	
broken	roto(a)	**roto**(a)	
brother	el hermano	er-**ma**no	
brown	marrón	marron	
brush	el cepillo	se**pee**-yo	
to brush	cepillar	sepee-**yar**	
to build	construir	kon(s)troo-**eer**	
building	el edificio	edee-**feesyo**	
burglar	el/la ladrón/ladrona	la**dron(a)**	
bus	el bus; la guagua; el camión	boos; **gwag**wa; ka**myon**	

English	Spanish	Pronunciation
bus station	la central de buses	sen-**tral** de **boo**ses
bus stop	la parada de bus	pa-**ra**da de bus
business	el negocio	ne-**go**syo
on business	de negocios	de ne-**go**syos
businessman/woman	el hombre/la mujer de negocios	**ombre/mooher** ne-**go**syos
business trip	el viaje de negocios	**bya**-he de ne-**go**syos
busy	ocupado(a)	okoo-**pa**do(a)
but	pero	**per**o
to buy	comprar	kom-**prar**
by (via)	por	por
(beside)	al lado de	al **la**do de
by bus	en bus	en boos

C

English	Spanish	Pronunciation
call (telephone)	la llamada	ya-**ma**da
to call (phone)	llamar por teléfono	yz-**ma**r por te-le-fono
calm	tranquilo(a)	tran-**keel**o(a)
camcorder	la videocámara	**bee**-de-o **ka**mara
camera	la cámara	**ka**mara
camera shop	la (tienda de) fotografía	(**tyen**da de) foto-gra**fee**-a
can (to be able)	poder	**poder**
to cancel	anular; cancelar	anoo-**lar**; kanse-**lar**
cancellation	la cancelación	ka nsela-**syon**
car	el auto; el carro	**owto**; **karro**
car hire	el alquiler de autos/carros	alkee-**ler** de **owt**os/**karr**os
car insurance	el seguro del auto/carro	se-**goo**ro del **owt**o/**karr**o
car keys	las llaves del auto/carro	**yab**es del **owt**o/**karr**o
card (greetings, business)	la tarjeta	tar-**heta**
careful	cuidadoso(a)	kweeda-**doso**(a)

English – Spanish

English – Spanish

to carry	llevar	ye**bar**
cashpoint	el cajero automático	ka-**hero** owto-**mateeko**
to cash (cheque)	cobrar	ko**brar**
to catch (bus)	tomar	to**mar**
cathedral	la catedral	kate**dral**
centre	el centro	**sen**-tro
ceramic	la cerámica	se-**rameeka**
chain	la cadena	ka-**dena**
chair	la silla	**see**-ya
change	el cambio	**kam**-byo
(small coins)	el suelto	**swelto**
(money returned)	el vuelto	**bwelto**
to change	cambiar	kam-**byar**
(clothes)	cambiarse	kam-**byar**-se
(money)	cambiar dinero	kam-**byar** dee-**nero**
charge (fee)	el precio	**presyo**
to charge	cobrar	ko**brar**
cheap	barato(a)	ba-**rato(a)**
cheap rate	la tarifa baja	ta-**reefa baha**

cheaper	más barato(a)	mas ba-**rato(a)**
to check	revisar; comprobar	rebee-**sar**; kompro-**bar**
to check in (at airport)	facturar el equipaje	faktoo-**rar** el ekee-**pa**-he
(at hotel)	registrarse	rehees-**trar**-se
check-in	la facturación; el registro	faktoora-**syon**; re-**heestro**
cheek	la mejilla	mehee-ya
cheers!	¡salud!	isa**lood**!
chemist's	la farmacia	far-**masya**
chef	el chef	**cheke**
cheque	el cheque	che-**kera**
cheque book	la chequera	tar-**heta**
cheque card	la tarjeta bancaria	ban-**karya**
chest (of body)	el pecho	**pecho**
child (boy)	el niño	**neenyo**
(girl)	la niña	**neenya**
children (infants)	los niños	**neenyos**
to choose	escoger	esko-**her**

English	Spanish	
city	la ciudad	syoo-**dad**
city centre	el centro de la ciudad	**sentro** de la syoo-**dad**
class: first class	primera clase	pree-**mera kla**se
second class	segunda clase	se-**goonda kla**se
to clean	limpiar	leem-pyar
cleaner (persona)	el/la encargado/a de la limpieza	enka-**gado**(a) de la leem-**pyesa**
clear	claro(a)	**kla**ro(a)
client	el/la cliente(a)	**klyen**-te(a)
to climb	escalar	eska-**lar**
climbing boots	las botas de escalar	**bo**tas de eska-**lar**
clock	el reloj	relo
close by	muy cerca	mwee **ser**ka
to close	cerrar	se-**rrar**
closed (shop, etc)	cerrado(a)	se-**rra**do(a)
clothes peg	la pinza	**peen**-sa
clothes shop	la tienda de ropa	**tyen**da de **ro**pa

English	Spanish	
cloudy	nublado(a)	noo-**bla**do(a)
coast	la costa	**kos**ta
cockroach	la cucaracha	kooka-**ra**cha
code	el código	**ko**-deego
coin	la moneda	mo-**ne**da
cold	frío(a)	**free**-o(a)
cold (illness)	el resfrío	res-**free**-o
to have a cold	estar resfriado(a)	estar res-free-**a**-do(a)
to collect	recoger	reko-**her**
collection	la recogida	reko-**hee**da
to come (to arrive)	venir	beneer
to come back	llegar	yegar
to come in	volver	bolber
come in!	entrar	entrar
comfortable	¡pase!	¡**pa**se!
company (firm)	cómodo(a)	**ko**-modo(a)
company (people)	la empresa	em-**pre**sa
to complain	compañía	kom-pa-**nyee**-a
	reclamar; quejarse	rekla-**mar**; ke-**har**-se

English – Spanish

complaint	el reclamo; la queja	re-**klamo**; **ke**-ha
complete	completo(a)	kom-**pleto**
to complete	terminar	termee-**nar**
compulsory	obligatorio(a)	obleega-**toryo**(a)
to confirm	confirmar	konfeer-**mar**
confirmation (flight, booking)	la confirmación	konfeerma-**syon**
congratulations!	¡felicitaciones!	¡feleesee-ta-**syones**!
consulate	el consulado	konsoo-**lado**
to consult	consultar	konsool-**tar**
to contact	ponerse en contacto con	po-**nerse** en kon-**takto** kon
contact lens	el lente de contacto	**lente** de kon-**takto**
contact lens cleaner	la solución limpiadora (para lentes de contacto)	soloo-**syon** leempya-**dora**
to continue	continuar	konteen-**war**

contraceptive	el anticonceptivo	antee-konsep-**teebo**
contract	el contrato	kon-**trato**
to cook	cocinar	kosee-**nar**
cooked	preparado(a)	prepa-**rado**(a)
cool	fresco(a)	**fresko**(a)
copy (duplicate) (of book)	la copia	**kopya**
corner	el ejemplar	ehem-**plar**
corridor	la esquina	es-**keena**
cost (price)	el pasillo	pasee-yo
to cost	el precio	**presyo**
to cough	costar	kostar
cough	toser	toser
country (not town) (nation)	la tos	tos
couple (2 people)	el campo	**kampo**
a couple of...	el país	pa-**ees**
course (of study) (of meal)	la pareja	pa-**reha**
	un par de...	oom par de...
	el curso	**koorso**
	el plato	**plato**

English	Spanish	Pronunciation
cover charge (in restaurant)	el cubierto	koo-**byer**to
cow	la vaca	**ba**ka
crafts	la artesanía	artesa-**nee**-a
cream (lotion)	la crema	**krem**a
credit card	la tarjeta de crédito	tar-**het**a de **kre**-deeto
to cross (road)	cruzar	kroo**sar**
crowd	la multitud	mootee-**tood**
crowded	concurrido(a)	konkoo-**rreed**o(a)
to cry (weep) (snout)	llorar; gritar; chillar	yo**rar**; gree-**tar**; chee-**yar**
cup	la taza	**ta**sa
currency	la moneda	mo-**ned**a
current	la corriente	ko-**rryen**te
custom (tradition)	la costumbre	kos-**toomb**re
customer	el/la cliente(a)	**klyen**te(a)
customs	la aduana	a-**dwan**a
to cut	cortar	kor**tar**
cutlery	los cubiertos	koo-**byer**tos

D

English	Spanish	Pronunciation
daily (each day)	cada día; diario(a)	**kada dee**-a; dee-**a**-ryo(a)
dairy produce	los productos lácteos	pro-**dookt**os **lak**-te-os
damage	el/los daño(s)	**dan**yo(s)
damp	húmedo(a)	**oomed**o(a)
danger	el peligro	pe-**leegr**o
dangerous	peligroso(a)	pelee-**gros**o(a)
dark	oscuro(a)	os-**koor**o(a)
after dark	por la noche	por la **noch**e
date	la fecha	**fech**a
date of birth	la fecha de nacimiento	**fech**a de nasee-**myen**to
daughter	la hija	**eeh**a
day	el día	**dee**-a
dead	muerto(a)	**mwert**o(a)
dear (expensive)	caro(a)	**kar**o(a)
debt	la deuda	de-**ood**a
to declare	declarar	dekla-**rar**

English – Spanish

English – Spanish

English	Spanish	Pronunciation
nothing to declare	nada que declarar	nada ke dekla-**rar**
deep	profundo(a)	pro**foon**do(a)
delay	el retraso	re-**traso**
delicious	delicioso(a)	delee-**syos**o(a)
demonstration	la manifestación	manifesta-**syon**
dentist	el/la dentista	den-**teesta**
deodorant	el desodorante	desodo-**ran**-te
depart	salir	sa**leer**
departure lounge	la sala de	**sala** de
departures	embarque	em**bar**-ke
	las salidas	sa-**leedas**
desk (hotel, etc)	el mostrador	mostra-**dor**
dessert	el postre	**postre**
details	los detalles	de-**tayes**
(personal)	los datos	**datos**
	personales	perso-**nales**
to dial	marcar	mar**kar**
dialling code	el prefijo;	pre-**feeho**;
	el indicativo	eendeeka-**teebo**
dialling tone	el tono de	**tono** de
	marcar	mar**kar**
to die	morir	mor**eer**
diet	la dieta	**dye**-ta
different	distinto(a)	dees-**teen**to(a)
difficult	difícil	dee-**feeseel**
digital camera	la cámara	**ka**-mara
	digital	deehee-**tal**
dining room	el comedor	kome-**dor**
dinner (evening)	la cena	**sena**
to have dinner	cenar	se-**nar**
direct (train, etc)	directo(a)	dee-**rekto**(a)
directions (instructions)	las instrucciones	eenstrook-**syones**
directory (phone)	la guía	**gee**-a
	telefónica	tele-**foneeka**
dirty	sucio(a)	**soosy**o(a)
disability	la discapacidad	deeska-pasee-**dad**
disabled	discapacitado(a)	deeska-pasee-**da**-do(a)

English	Spanish	Pronunciation
to disagree	no estar de acuerdo	no estar de a-**kwer**do
to disappear	desaparecer	desapa-re-**ser**
disaster	el desastre	de-**sas**tre
discount	el descuento	des-**kwen**to
to discover	descubrir	deskoo-**breer**
disease	la enfermedad	enferme-**dad**
dish	el plato	**pla**to
disposable	desechable	dese-**cha**-ble
distance	la distancia	dees-**tan**sya
district	el barrio	**ba**-rryo
to disturb	molestar	moles-**tar**
dizzy	mareado(a)	ma-re-**ado**(a)
to do	hacer	a**ser**
doctor	el/la médico(a)	**me**-deeko(a)
documents	los documentos	docoo-**men**tos
domestic (flight)	nacional	nasyo-**nal**
door	la puerta	**pwer**ta
door/bell	el timbre	**teem**-bre
double	doble	**do**-ble
double bed	la cama doble	**ka**ma **do**-ble

English	Spanish	Pronunciation
double room	a habitación doble	abeeta-**syon** **do**-ble
down: to go down	bajar	ba**har**
to download	descargar	deskar-**gar**
downstairs	abajo	a-**ba**ho
draught (of air)	la corriente	ko-**rryen**te
to dress (to get dressed)	vestirse	bes-**teer**se
dress (garment)	el vestido	ves-**tee**-do
dressing gown	la bata	**ba**ta
drink	la bebida	be-**bee**da
to drink	beber	be**ber**
drinking water	el agua potable	**ag**wa po-**ta**-ble
to drive	conducir; manejar	kondoo**seer**; ma-ne-**har**
driver	el/la conductor(a)	kondook**tor**(a)
driving licence	la licencia; el carné	lee-**sen**sya; kar**ne**
drug (medicine)	la droga la medicina	**dro**ga medee-**see**na

English	Spanish	Pronunciation
dry	seco(a)	se**ko**
to dry	secar	se**kar**
during	durante	**doo**ran-te
E		
earlier	antes	**an**-tes
early	temprano	tem-**pra**no
to earn	ganar	ga**nar**
earphones	los auriculares; los audífonos	ow-reekoo-**lares**; ow-**dee**fonos
earplugs	los tapones para los oídos	los tapones para los o-**ee**dos
earthquake	el terremoto	terre-**mo**to
easy	fácil	**fa**sel
to eat	comer	ko**mer**
Elastoplast®	el curita	koo-**ree**ta
electric	eléctrico(a)	elek-**tree**ko(a)
electricity	la electricidad	elek-treesee-**dad**
elevator	el ascensor	asen**sor**
embassy	la embajada	emba-**ha**da
emergency	la emergencia	emer-**hen**sya
emergency exit	la salida de emergencia	sa**lee**-da de emer-**hen**sya
empty	vacío(a)	ba**see**-o(a)
end	el fin	feen
engaged (to be married) (in use)	prometido(a) ocupado(a)	prome-**tee**do(a) okoo-**pa**do(a)
England	Inglaterra	engla-**te**rra
English (language)	inglés/inglesa	een-**gles**/ een-**gle**-sa
Englishman/ -woman	el inglés/ la inglesa	el een-**gles**/ la een-**gle**-sa
to enjoy (to like)	gustar	goo**star**
to enjoy oneself	divertirse	deeber-**teer**se
enquiry desk	la información	eenforma-**syon**
to enter	entrar en	en**trar** en
entertainment	el entretenimiento	entre-tenee-**myen**to
entrance	la entrada	en-**tra**da

English	Spanish	pronunciation
entrance fee	el precio de entrada	presyo de entrada
envelope	el sobre	sobre
equal	igual	ee-**gwal**
equipment	el equipo	e-**kee**po
to escape	escapar	eska-**par**
essential	imprescindible	eem-preseen-**dee**-ble
euro	el euro	e-ooro
Europe	Europa	e-ooro-pa
European	el/la europeo(a)	e-ooro-**pe**-o(a)
European Union	la Unión Europea	oo-**nyon** e-ooro-**pe**-a
evening	la tarde	tar-de
every	cada	kada
everyone	todo el mundo; todos	toco el **moon**do; todos
everything	todo	todo
everywhere	en todas partes	en todas partes

English	Spanish	pronunciation
example: *for example*	por ejemplo	por e-**hemp**lo
excellent	excelente	ekse-**lent**e
except	excepto	ek-**sept**o
excess	el exceso de	ekee-**seso** de
baggage	equipaje	ekee-**pa**-he
exchange	el cambio	**kamb**yo
to exchange	cambiar	kambyar
exchange rate	el tipo/la tasa de cambio	teepo/**tasa** de **kamb**yo
exciting	emocionante	emosyo-**nan**-te
excursion	la excursión	ekscoor-**syon**
excuse: *excuse me!*	perdón	per**don**
exit	la salida	sa-**leeda**
expenses	los gastos	**gastos**
expensive	caro(a)	**ka**-ro(a)
to expire (ticket, etc)	caducar	kadoo-**kar**
to explain	explicar	e(k)splee-**kar**
explosion	la explosión	e(k)splo-**syon**

English - Spanish

English - Spanish

to export	exportar	e(k)spor-**tar**
express (train)	el expreso	e(k)s-**preso**
extra (in addition)	de más	de más
(more)	extra;	ek-stra;
	adicional	adeesyo-**nal**

F

face	la cara	**ka**ra
facilities	las instalaciones	ee(n)stala-**syon**es
fact	el hecho	**e**cho
to faint	desmayarse	desma-**yar**-se
fair (hair)	rubio(a)	**roo**byo(a)
(just)	justo(a)	**hoost**o(a)
fair (funfair)	la feria	**fer**ya
fake	falso(a)	**fals**o(a)
to fall	caer; caerse	ka**er**(se)
family	la familia	fa-**mee**lya
famous	famoso(a)	fa-**mos**o(a)
far	lejos	**leh**os
is it far?	¿está lejos?	¿esta **leh**os?

how far is it?	¿a cuánto está?	¿a **kwan**to esta?
fashionable	de moda	de **mo**da
fast	rápido(a)	**ra**-peedo(a)
too fast	demasiado	dema-**sya**do
	rápido	**ra**-peedo
to fasten	abrocharse	abro-**char**-se
(seatbelt, etc)		
fat (plump)	gordo(a)	**gord**o(a)
father	el papá	pa-**pa**
fault (defect)	el defecto	de-**fekt**o
favour	el favor	fa**bor**
favourite	favorito(a);	fabo-**reet**o(a);
	preferido(a)	prefe-**reed**o(a)
to feed	dar de comer	dar de ko**mer**
to feel	sentir	sen-**teer**
to fetch (to bring)	traer	tra-**er**
(to go and get)	ir a buscar	eer a boos**kar**
fever	la fiebre	**fyebr**e
few	pocos(as)	**pok**os(a)s
a few	algunos(as)	al-**goon**os(a)s
fiancé(e)	el/la novio(a)	**nobyo**(a)

English	Spanish	Pronunciation
to fight	luchar	loochar
to fill (form)	llenar	yenar
fillet	el filete	re-**yenar**
fine (to be paid)	la multa	fee-**lete**
to find	encontrar	enkon-**trar**
to finish	acabar	**moolta**
finished	terminado(a)	aka-**bar**
fire (flames)	el fuego	termee-**nado**(a)
(blaze)	el incendio	**fwe**-go
fire!	¡fuego!	eer-**sendyo**
fire alarm	la alarma de incendios	¡**fwe**-go!
		a-**larma** de in**sendyos**
fire brigade	los bomberos	bom-**be**ros
fire escape/ext	la salida de emergencia	sa-**leeda** de emer-**hen**sya
fire extinguisher	el extinguidor	e(k)steen-gee-**dor**
firm (company)	la empresa	em-**presa**
first	primero(a)	pree-**mero**(a)
first aid	los primeros auxilios	ow-**seely**os
first class	primera clase	pree-**mera** **klase**
first name	el nombre de pila	**nombre** de **peela**
fish (food)	el pescado	pes-**kado**
(alive)	el pez	pes
to fit (clothes)	quedar bien	ke-**dar** byen
to fix	arreglar	arre-**glar**
flask (thermos)	el termo	**termo**
flat (apartment)	el apartamento	apara-**men**to
flat	llano(a); plano(a)	**yan**o(a); **plano**(a)
flavour	el sabor	sa**bor**
fleas	las pulgas	**poolgas**
flesh	la carne	**karne**
flex	el cable eléctrico	**ka**-ble e-**lek**treeko
flight	el vuelo	**bwe**-lo
floor (of building)	el piso	**peeso**
(of room)	el suelo	**swe**-lo
flower	la flor	flor

English - Spanish

English – Spanish

English	Spanish	Pronunciation
flu	la gripe	gree-pe
fly	la mosca	moska
to fly	volar	bolar
fly sheet (camping)	el toldo	toldo eemper-me-a-ble
	impermeable	
fog	la niebla	nyebla
it's foggy	hay niebla	a-ee nyebla
to fold	doblar	doblar
to follow	seguir	segeer
food	la comida	ko-meeda
football	el fútbol	footbol
footpath (in country)	el sendero	sendero
	el camino	kameeno
forbidden	prohibido(a)	pro-ee-beedo(a)
forest	el bosque	bos-ke
to forget	olvidar	olbee-dar
fork (for eating)	el tenedor	tene-dor
(in road)	la bifurcación	beefoorka-syon
form (document)	el impreso	eem-preso
formal dress	el traje de	trahe de
	etiqueta	etee-keta

English	Spanish	Pronunciation
fortnight	quince días	keense dee-as
forward	adelante	a-delan-te
fountain	la fuente	fwente
fracture	la fractura	frak-toora
fragile	frágil	fraheel
France	Francia	fransya
free (not occupied)	libre	leebre
(costing nothing)	gratis	gratees
French	francés/	fran-ses/
	francesa	fran-se-sa
(language)	el francés	fran-ses
French fries	las papas a la	papas a la
	francesa	fran-se-sa
frequent	frecuente	fre-kwente
fresh	fresco(a)	fresko(a)
friend	el/la amigo(a)	a-meego(a)
from	de; desde	de; desde
in front of	delante de	delan-te de
front door	la puerta de	pwerta de
	la calle	la ka-ye
front	la parte delantera	parte delan-tera

English	Spanish	Pronunciation
frost	la helada	e-**la**da
frozen	congelado(a)	kon-he-**la**do(a)
to fry	freír	fre-**eer**
full	lleno(a)	**yen**o(a)
(occupied)	ocupado(a)	okoo-**pa**do(a)
full board	pensión completa	pen-**syon** kom-**ple**ta
fun	la diversión	la deeber-**syon**
funny (amusing)	divertido(a)	deeber-**tee**do(a)
furnished	amueblado(a)	a-mwe-**bla**do(a)
future	el futuro	foo-**too**ro

G

English	Spanish	Pronunciation
gallery	la galería	gale-**ree**-a
game (animals)	el juego	**hwe**-go
garden	la caza	**ka**sa
gate (airport)	el jardín	hardeen
	la puerta	**pwer**ta
generous	generoso(a)	he-ne-**ro**so
gents (toilet)	el baño de caballeros	banyo de kaba-**ye**ros

English	Spanish	Pronunciation
genuine	auténtico(a)	ow-**ten**teekol(a)
German	alemán/ alemana	ale-**man**/ ale-**ma**-na
(language)	el alemán	ale-**man**
German measles	la rubeola	roo-be-**o**la
Germany	Alemania	ale-**ma**-nya
to get (to obtain)	conseguir	konse-**geer**
(to receive)	recibir	resee-**beer**
(to bring)	traer	tra-**er**
to get in (vehicle)	subir (al)	soo**beer** (al)
to get out (of vehicle)	bajarse de	ba-**har**-se de
girl	la chica	**cheek**a
girlfriend	la novia	**nob**ya
to give	dar	dar
to give back	devolver	debol-**ber**
glass (for drinking)	el vaso	**ba**so
(substance)	el cristal	kreestal
glasses	los lentes	**len**tes
to go	ir	eer
to go back	volver	bol**ber**

English – Spanish   180 | 181

English – Spanish

English	Spanish	Pronunciation
to go in	entrar (en)	entrar en
to go out	salir	saleer
goat	la cabra	kabra
gold	el oro	oro
good	bueno(a)	bwe-no(a)
very good	muy bueno	mwee bwe-no
good afternoon	buenas tardes	bwe-nas tar-des
good day	buenos días	bwe-nos dee-as
good evening	buenas tardes	bwe-nas tar-des
(later)	buenas noches	bwe-nas no-ches
good morning	buenos días	bwe-nos dee-as
good night	buenas noches	bwe-nas no-ches
goodbye	adiós	adyos
greasy	grasiento(a)	gra-syento(a)
great (big)	grande	gran-de
(wonderful)	estupendo(a)	estoo-pendo(a)
green	verde	ber-de
grey	gris	grees
ground	el suelo	swe-lo
ground floor	la planta baja	planta baha
on the ground floor	en la planta baja	en la planta baha
group	el grupo	groopo
guest (in hotel)	el/la invitado(a)	eembee-tado(a)
	el/la huésped	wesped
guesthouse	la pensión	pensyon
guide (tour guide)	el/la guía	gee-a
guidebook	la guía turística	gee-a tooREES-teeka
guided tour	la visita con guía	bee-seeta kon gee-a
to guide	guiar	gee-ar

H

English	Spanish	Pronunciation
hair	el pelo	pelo
hairdresser	el/la peluquero(a)	peloo-kero(a)
half	medio(a)	medyo
half an hour	media hora	medya ora
half board	media pensión	medya pensyon
handbag	el bolso	bolso

English	Spanish	Pronunciation
handkerchief	el pañuelo	pa-nyoo-**we**-lo
handle (of cup)	el asa	**a**sa
	el pomo	**po**mo
hand luggage	el equipaje de mano	ekee-**pa**-he de **ma**no
hands-free phone	el teléfono inalámbrico	te-**le**-fono eena-**lam**breeko
to happen	pasar	pa**sar**
what happened?	¿qué pasó?	¿ke pa**so**?
happy	feliz	fe**lees**
happy birthday!	¡feliz cumpleaños!	¡fe**lees** koomple**a**-nyos!
hard (difficult)	duro(a)	**doo**ro(a)
	difícil	dee-**fee**seel
to have	tener	te**ner**
to have to	tener que	te**ner** ke
hay fever	la alergia al polen	a-**lerhy**a al **pol**en
headache	el dolor de cabeza	do**lor** de ka-**besa**
health	la salud	sa**lood**
healthy	sano(a)	**sa**no(a)
to hear	oír	o-**eer**
heating	la calefacción	kalefak-**syon**
to heat up (food)	calentar	kalen-**tar**
heavy	pesado(a)	pe-**sado(a)**
height	la altura	al-**too**ra
hello	hola	**o**la
(on phone)	¿diga?	¿**dee**ga?
help!	¡socorro!	¡so-**korro**!
to help	ayudar	ayoo-**dar**
here	aquí	a**kee**
hi!	¡hola!	**o**la!
to hide (something)	esconder	eskon-**der**
(oneself)	esconderse	eskon-**derse**
high	alto(a)	**alto**(a)
hire (bike, boat)	el alquiler	alkee-**ler**
car hire	el alquiler de autos	alkee-**ler** de **ow**tos
bike hire	el alquiler de bicicletas	alkee-**ler** de beesee-**kletas**
to hire	alquilar	alkee-**lar**

English - Spanish

English – Spanish

hire car	el auto de alquiler	owto de alkee-ler
to hold	tener	tener
(to contain)	contener	kon-tener
hold-up (traffic jam)	el atasco	a-tasko
holiday (public)	la fiesta	fyesta
on holiday	las vacaciones / de vacaciones	de baka-syones
home	la casa	kasa
at home	en casa	en kasa
honest	sincero(a)	seen-sero
to hope	esperar	espe-rar
hospital	el hospital	ospee-tal
hostel	el hostal	ostal
hot	caliente	ka-lyente
hour	la hora	ora
half an hour	media hora	medya ora
house	la casa	kasa
housewife/husband	la/el ama(o) de casa	ama/o de kasa

hungry; to be hungry	tener hambre	tener ambre
hurry; I'm in a hurry	tengo prisa	tengo preesa
to hurt (injure)	hacer daño	aser danyo

I

ice	el hielo	yelo
(cube)	el cubito	koo-beeto
with/without ice	con/sin hielo	kon/seen yelo
idea	la idea	ee-de-a
identity card	la tarjeta de identidad	tar-heta de eedentee-dad
if	si	see
ill	enfermo(a)	en-fermo(a)
illness	la enfermedad	enferme-dad
immediately	inmediatamente; enseguida	eenmedyata-mente; ense-geeda
immersion heater	el calentador eléctrico	kalenta-dor e-lektreeko

English	Spanish	Pronunciation
immigration	la inmigración	eenmeega-**syon**
immunisation	la inmunización	eenmoonesa-**syon**
to import	importar	eempor-**tar**
important	importante	eempoortan-te
impossible	imposible	eempo-**see**-ble
to improve	mejorar	meho-**rar**
in	dentro de; en	**dentro** de; en
in front of	delante de	de**lan**-te de
included	incluido(a)	eenkloo-**eed**c(a)
inconvenient	inoportuno(a)	eenopor-**toonc**(a)
to increase	aumentar	owmen-**tar**
indigestion	la indigestión	eendeehes-**tyon**
indigestion tablets	las pastillas para la indigestión	pastee-yas para la eendeehes-**tyon**
indoors	dentro	**dentro**
infection	la infección	eenfek-**syon**
infectious	contagioso(a)	konta-**hyo**so(a)
information	la información	eenforma-**syon**
information desk	información	eenforma-**syon**
inhaler	el inhalador	eenala-**dor**
injection	la inyección	eenye<-**syon**
to injure	herir	e**reer**
injury	la herida	e-**reeda**
insect	el insecto	een-**sekto**
insect bite	la picadura de insecto	peeka-**door**a de een-**sekto**
insect repellent	el repelente de insectos	repe-**lente** de een-**sektos**
inside	dentro de	**dentro** de
instead of	en lugar de	en lco**gar** de
insurance	el seguro	se-**gooro**
insurance certificate	la póliza de seguros	**po**-leesa de se-**goo**ros
to insure	asegurar	asegoo-**rar**
insured	asegurado(a)	asegoo-**rado**(a)
to intend to	pensar	pen**sar**
interesting	interesante	eentere-**san**-te
internet	el/la Internet	eenter-**net**
internet café	el cibercafé	seeberka-**fe**

English – Spanish

English – Spanish

into	en	en
to introduce to	presentar a	presen-**tar** a
invoice	la factura	fak-**too**ra
iron (for clothes)	la plancha	**plan**cha
(metal)	el hierro	**ye**rro
island	la isla	**ees**la

J

jammed (stuck)	atascado(a)	atas-**ka**do(a)
jewellery	las joyas	**ho**yas
job	el empleo	emple-o
to join in	participar en	parteesee-**par** en
to joke	bromear	brome-**ar**
joke	la broma;	**bro**ma;
	el chiste	**chee**ste
journey	el viaje	**bya**-he
juice	el jugo	**hoo**go
to jump	saltar	sal**tar**
just: just two	sólo dos	**so**lo dos
I've just arrived	acabo de llegar	a-**ka**bo de ye**gar**

K

to keep (to retain)	guardar	gwar**dar**
key	la llave	**ya**be
key card	la llave tarjeta	**ya**be tar-**he**ta
to kill	matar	ma**tar**
kind (person)	amable	a-**ma**-ble
(sort)	la clase	**kla**se
kiosk	el quiosco	**kyos**ko
to knock (on door)	llamar	ya**mar**
to know (have knowledge of)	saber	sa**ber**
(person, place)	conocer	kono-**ser**
to know how to	saber	sa**ber**

L

ladies (toilet)	el baño de mujeres	**ba**nyo de moo-**he**res
lady	la señora	se-**nyo**ra
lake	el lago	**la**go
lamp	la lámpara	**lam**-para
to land	aterizar	aterree-**sar**

English	Spanish	Pronunciation
lane (in road)	el carril	karreel
large	grande	**gran**-de
last	último(a)	**ool**-teemo(a)
late	tarde	**tar**-de
to laugh	reírse	rre-**eer**se
laundry service	el servicio de lavandería	ser-**bee**syo de laban-de-**ree**-a
lavatory (in house; public)	el váter; los baños	**bater**; **banyos**
laxative	el laxante	lak**san**-te
to learn	aprender	apren-**der**
lease (rental)	el alquiler	alkee-**ler**
leather	el cuero	**kwe**-ro
to leave (a place; leave behind)	irse de; dejar	**eer**se de; de-**har**
left: on/to the left	a la izquierda	a la ees-**kyer**-da
left-handed	zurdo(a)	**soor**do(a)
to lend	prestar	prestar
length	la longitud	lonhee-**tood**
lens (photographic; contact lens)	el objetivo; el lente de contacto	obhe-**teebo**; **lente** de kon-**tak**-to
less	menos	menos
to let (to allow; to hire out)	permitir; alquilar	permee-**teer**; alkee-**lar**
letter (of alphabet)	la carta; la letra	**karta**; **letra**
lie (untruth)	la mentira	men-**teera**
to lie down	acostarse	akostar-se
life insurance	el seguro de vida	se-**gooro** de **beeda**
life jacket	el chaleco salvavidas	cha-**leko** salba-**beedas**
lift (elevator)	el ascensor	asen-**sor**
light (not heavy)	ligero(a); liviano	lee-**hero**(a); lee-**byano**(a)
light	la luz	loos
like (similar to)	como	komo
to like	gustar	goos-**tar**

English – Spanish

line (row, queue)	la fila	fee-la	
(telephone)	la línea	lee-ne-a	
list	la lista	leesta	
to listen to	escuchar	eskoo-**char**	
little	pequeño(a)	pe-**ke**-nyo(a)	
a little...	un poco...	oom **poko**...	
to live	vivir	beebeer	
lock (on door, box)	la cerradura	serra-**doo**ra	
to lock	cerrar con llave	serrar kon **ya**be	
long	largo(a)	**lar**go(a)	
long-sighted	hipermétrope	eeper-**metro**-pe	
to look after	cuidar	kweedar	
to look at	mirar	meerar	
to look for	buscar	booskar	
to lose	perder	perder	
lost	perdido(a)	per-**deed**o(a)	
lost property office	la oficina de objetos perdidos	ofee-**seen**a de ob-**het**os per-**deed**os	
lot: a lot of	mucho(a)	**moo**cho(a)	

loud (sound, voice)	fuerte	**fwer**-te	
(volume)	alto(a)	**alt**o(a)	
lounge	el salón	salon	
love	el amor	amor	
to love (person)	querer	ke-**rer**	
lovely	precioso(a)	pre-**syos**o(a)	
low	bajo(a)	**ba**ho	
low-fat	bajo(a) en calorías	**ba**ho en kalo-**ree**-as	
luck	la suerte	**swer**-te	
lucky: to be lucky	tener suerte	tener swer-te	
luggage	el equipaje	ekee-**pa**-he	
luggage	el equipaje	ekee-**pa**-he	
luggage allowance	permitido	permee-**teed**o	
luggage tag	la etiqueta	etee-**ket**a	
luggage trolley	el carrito	ka-**rreet**o	

M

machine	la máquina	**ma**-keena	
maid (in hotel)	la camarera	kama-**rera**	
mail	el correo	ko**rre**-o	

main	principal	preensee-**pal**
to make	hacer	a**ser**
male	masculino(a)	maskoo-**leen**o
man	el hombre	**om**bre
to manage (be in charge of)	dirigir	deeree-**heer**
manager	el/la gerente	he-**rente**
many	muchos(as)	**mooch**os(as)
map (of region)	el mapa	**map**a
map (of town)	el plano	**plan**o
market	el mercado	mer-**kado**
where is the market?	¿dónde está el mercado?	¿**donde esta** el mer-**kado**?
when is the market?	¿cuándo hay mercado?	¿**kwando** ay mer-**kado**?
market place	la plaza (del mercado)	**plasa** del mer-**kado**
married	casado(a)	ka-**sado**(a)
I'm married	estoy/soy casado(a)	estoy/soy ka-**sado**(a,

are you married?	**¿está/es casado(a)?**	¿esta/es ka-**sado**(a)?
to marry	casarse con	ka-**sar**-se kon
to matter	importar	empor-**tar**
it doesn't matter	no importa	no eem-**porta**
what's the matter?	¿qué pasa?	¿ke **pasa**?
mattress	el colchón	kol**chon**
maximum	máximo(a)	**mak**-seemo(a)
to mean	querer decir	ke-**rer** de**seer**
what does this mean?	¿qué quiere decir esto?	¿ke **kyere** de**seer** esto?
to measure	medir	me**deer**
medical insurance	el seguro médico	se-**goo**ro **me**-deeko
medical treatment	el tratamiento médico	trata-**myen**to **me**-deeko
medicine	la medicina	medee-**seen**a
to meet (by chance)	encontrarse con	enkon**trar**-se kon
(by arrangement)	ver	ber
meeting	la reunión	re-oo-**nyon**

English – Spanish

English - Spanish

meeting point	el punto de reunión	**poon**-to de re-oo-**nyon**	
men	los hombres	**ombres**	
to mend	arreglar	arre-**glar**	
menu	la carta	**kar**ta	
set menu	el menú del día	me**noo** del **dee**-a	
message	el mensaje	men-**sahe**	
metro (underground)	el metro	**metro**	
metro station	la estación de metro	esta-**syon** de **metro**	
midday	el mediodía	medyo-**dee**-a	
middle	el medio	**medyo**	
midnight	la medianoche	medya-**noche**	
mind: *do you mind if...?*	¿le importa que...?	¿le eem-**porta** ke...?	
I don't mind	no me importa	no me eem-**porta**	
minimum	el mínimo	**mee**-neemo	
minute	el minuto	mee-**nooto**	
mirror	el espejo	es-**peho**	
to miss (train, etc)	perder	per**der**	

missing (lost)	perdido(a)	per-**deedo**(a)	
mistake	el error	**error**	
mobile (phone)	el celular	seloo-**lar**	
modern	moderno(a)	mo-**derno**(a)	
moment	el momento	mo-**mento**	
money	el dinero	dee-**nero**;	
	la plata	**plata**	
month	el mes	mes	
morning	la mañana	ma-**nyana**	
mosquito	el mosquito	mos-**keeto**	
mosquito bite	la picadura de mosquito	peeka-**doora** de mos-**keeto**	
mosquito net	el mosquitero(a)	moskee-**tero**(a)	
mosquito repellent	el repelente de mosquitos	repe-**lente** de mos-**keetos**	
most: *most of*	la mayor parte de; la mayoría de	**ma**yor **parte** de; mayo**ree**-a de	
mother	la mamá	ma-**má**	
mountain	la montaña	mon-**tanya**	
mountain sickness	el soroche; el mal de puna	so**roche**; mal de **puna**	

mouthwash	el enjuague bucal	en-**hwa**-ge book**al**	
to move	mover	no se mueve	
it isn't moving	no se mueve	no se **mwe**-be	
movie	la película	pe-**leekoo**la	
much	mucho(a)	**moocho**(a)	
too much	demasiado(a)	dema-**sya**do(a)	
mugging	el atraco	a-**tra**ko	
muscle	el músculo	**moos**-koolo	
must (to have to)	deber	deber	

N

name	el nombre	**nombre**	
narrow	estrecho(a)	es-**trecho**(a)	
national	nacional	nasyo-**nal**	
national park	el parque nacional	**par**-ke nasyo-**nal**	
nationality	la nacionalidad	nasyonalee-**dad**	
natural	natural	natoo-**ral**	
nature	la naturaleza	natoora-**lesa**	

nature reserve	la reserva natural	re-**serba** natoo-**ral**	
near to	cerca de	**serka** de	
near to the bank	cerca del banco	**serka** del **ban**ko	
necessary	necesario(a)	ne-se-**saryo**(a)	
to need	necesitar	ne-se-se**tar**	
negative (photo)	el negativo	nega-**teebo**	
never	nunca	**noon**ka	
new	nuevo(a)	**nwe**-bo(a)	
news (TV, radio, etc)	las noticias	no-**tees**yas	
newspaper	el periódico	peryo-**deeko**	
New Year	el Año Nuevo	a-nyo **nwe**-bo	
Happy New Year!	¡Feliz Año Nuevo!	¡fe**lees** a-nyo **nwe**-bo!	
New Year's Eve	la Nochevieja	noche **bye**ha	
next	próximo(a)	**prok**-seemo(a)	
next to	al lado de	al **lado** de	
next week	la próxima semana	**prok**-seema se-**mana**	
the next stop	la próxima parada	**prok**-seema pa-**rada**	

English – Spanish

English – Spanish

nice (person)	simpático(a)	seem-**pa**teeko(a)
(place, holiday)	lindo(a)	**leen**do
night	la noche	**no**che
no	no	no
no entry	prohibida la entrada	proee-**bee**da la en-**tra**da
no smoking	prohibido fumar	proee-**bee**do foomar
no sugar	sin azúcar	seen a-**soo**kar
no problem	¡por supuesto!	¡por soo-**pwes**to!
nobody	nadie	nadye
noise	el ruido	**rwee**do
none	ninguno(a)	neen-**goon**o(a)
nothing	nada	nada
nothing else	nada más	nada mas
notice (sign)	el anuncio	a-**noon**syo
(warning)	el aviso	a-**bee**so
now	ahora	a-ora
nowhere	en ninguna parte	en neen-**goon**a parte
number	el número	**noo**-mero

O		
to obtain	obtener	obte-**ner**
odd (strange)	raro(a)	**ra**ro(a)
of	de	de
made of...	hecho(a) de...	**ech**o(a) de...
off (light, etc)	apagado(a)	apa-**gad**o(a)
(rotten)	pasado(a)	pa-**sad**o(a)
office	la oficina	ofee-**seen**a
often	a menudo	me-**noo**do
how often?	¿cada cuánto?	¿**kad**a **kwan**to?
old	viejo(a)	**bye**ho(a)
how old are you?	¿cuántos años tiene?	¿**kwan**tos **a**-nyos **tye**-ne?
I'm ... years old	tengo ... años	**ten**go ...**a**-nyos
on (light, TV)	encendido(a)	ensen-**deed**o(a)
(on top of)	sobre;	**so**bre;
	encima	en-**seem**a
on the table	sobre la mesa	**so**bre la **mes**a
on time	a tiempo	a **tyem**po
once	una vez	**oon**a bes
at once	enseguida	en-se-**geed**a

only	sólo	solo
open	abierto(a)	a-byerto(a)
to open	abrir	a-breer
opposite (the)	enfrente (de)	en-frente (de)
opposite the bank	enfrente del banco	en-frente del banko
orange (colour)	naranja; anaranjado(a)	na-ranha, naran-hado(a)
order: out of order	dañado(a)	da-myado(a)
to order (in restaurant)	pedir	pe-deer
to organize	organizar	organee-sar
other: the other one	el/la otro(a)	otro(a)
out (light)	apagado;a)	apa-gado(a)
over (on top of)	(por) encima de	(por) en-seema de
to owe	deber	deber

P

to pack (luggage)	hacer las maletas	aser las ma-letas
package, packet	el paquete	pa-kete
package tour	el viaje organizado	bya-he organee-sado
page	la página	pa-heena
pain	el dolor	dolor
painful	doloroso(a)	dolo-roso(a)
painkiller	el analgésico; el calmante	anal-heseeko; kalman-te
pair	el par	par
pale	pálido(a)	pa-leedo(a)
pan (saucepan) (frying)	la cacerola el/la sartén	ka-se-rola sartén
pants (men's underwear)	los calzoncillos	kalson-see-yos
paper	el papel	papel
parcel	el paquete	pa-kete
pardon?	¿cómo?	¿komo?
parents	los papás	pa-pas

English – Spanish

English – Spanish

park (group)	el parque	par-ke	per-**fekt**o(a)
party (celebration)	el grupo	**groop**o	foon-**syon**
(political)	la fiesta	fyesta	kees-**sa**(s)
passenger	el partido	par-**teed**o	per-**so**na
passport	el/la pasajero(a)	pasa-**hero**(a)	a-**hen**da
passport control	el pasaporte	pasa-**porte**	
path	el control de pasaportes	kontrol de pasa-**portes**	te-**le**-fono
patient (in hospital)	el camino	ka-**meen**o	por te-**le**-fono
pavement	el/la paciente	pa-**syen**te	deerek-**tor**yo
to pay	la acera	a-**sera**	tele-**fon**eeko
payment	pagar	pa**gar**	ya-**mada**
payphone	el pago	pa**go**	tele-**fon**eeka
	el teléfono público	te-**le**-fono **poo**-bleeko	tar-**heta**
peace	la paz	pas	tele-**fon**eeka
pedestrian	el peatón	pe-a-**ton**	yamar por te-**le**-fono
pedestrian crossing	el paso de peatones	**pas**o de pe-a-**tones**	fotogra-**fee**-a
people	la gente	**hen**te	tomar oona fotogra-**fee**-a
per	por	por	ele-**heer**; **esko**-her

perfect	perfecto(a)		
performance	la función		
perhaps	quizá(s)		
person	la persona		
personal organizer	la agenda		
phone	el teléfono		
by phone	por teléfono		
phonebook	el directorio (telefónico)		
phone call	la llamada (telefónica)		
phonecard	la tarjeta telefónica		
to phone	llamar por teléfono		
photograph	la fotografía		
to take a photograph	tomar una fotografía		
to pick (choose)	elegir; escoger		

English	Spanish	Pronunciation
picture (painting)	el cuadro	kwadro
(photo)	la foto	foto
piece	el trozo	troso
pillow	la almohada	almo-ada
pillowcase	la funda de almohada	foonc̠a de almo-ada
pink	rosa	rosa
pity: what a pity!	¡qué lástima!	ike las-teema!
place	el lugar	loogar
place of birth	el lugar de nacimiento	loogar de nasee-**myen**to
plastic (made of)	de plástico	de **plas**-teeko
plastic bag	la bolsa de plástico	**bol**sa de **plas**-teeko
plate	el plato	plato
to play (games)	jugar	hoogar
pleasant	agradable	agra-**da**ble
pleased	contento(a)	kon-**ten**to(a)
to plug in	enchufar	enchoo-**far**
pocket	el bolsillo	bol-**see**-yo
police (force)	la policía	polee-**see**-a

English	Spanish	Pronunciation
policeman/ woman	el/la policía	polee-**see**-a
police station	la comisaría; la estación de policía	komeesa-**ree**-a; esta-**syon** de polee-**see**-a
pool	la piscina	pee-**seena**
poor	pobre	potre
popular	popular	popoo-**lar**
possible	posible	po-**see**-ble
post: by post	por correo	por **korre**-o
to post	echar/poner al correo	echar/po-**ner** al **korre**-o
postbox	el buzón	booson
postcard	la postal	postal
postcode	el código postal	kodeego postal
post office	la oficina de correos	cfee-**seena** de **korre**-os
poster	el afiche	a-**fee**-che
to postpone	aplazar	apla-**sar**
pottery	la cerámica	se-**rameka**
to pour	echar; servir	echar; serbeer

194 | 195

English – Spanish

English – Spanish

power (electricity)	la electricidad	elek-treesee-**dad**
to prefer	preferir	prefe-**reer**
to prepare	preparar	prepa-**rar**
prescription	la receta médica	re-**seta** me-deeka
present (gift)	el regalo	re-**galo**
price	el precio	**presyo**
price list	la lista de precios	**leesta** de **presyos**
private	privado(a)	pree-**bado**(a)
probably	probablemente	proba-**blemente**
problem	el problema	pro-**blema**
prohibited	prohibido(a)	pro-ee-**beedo**(a)
promise	la promesa	pro-**mesa**
to promise	prometer	prome-**ter**
to pronounce	pronunciar	pronoon-**syar**
to provide	proporcionar	proporsyo-**nar**
public	público(a)	**poo**-bleeko
public holiday	la fiesta (oficial)	**fyesta** (o-fee-**syal**)
pullover	el saco; el suéter	**sako**; **swéter**

purple	morado(a)	mo-**rado**(a)
purpose:		
on purpose	a propósito	a pro**po**-seeto
purse	el monedero	mone-**dero**
to push	empujar	empoo-**har**
to put (place)	poner	po**ner**

Q

quality	la calidad	kalee-**dad**
quantity	la cantidad	kantee-**dad**
quarter	el cuarto	**kwarto**
query, question	la pregunta	pre-**goonta**
queue	la cola	**kola**
to queue	hacer cola	aser **kola**
quick	rápido(a)	**ra**-peedo(a)
quickly	de prisa	de **preesa**
quiet (place)	tranquilo(a)	tran-**keelo**(a)
quite	bastante	bastan-te

R

racket (tennis; etc)	la raqueta	ra-**keta**

English	Spanish	Pronunciation
railway	el ferrocarril	ferro-**karreel**
railway station	la estación de tren	esta-**syon** de tren
rain	la lluvia	**yoo**-bya
to rain: it's raining	está lloviendo	esta **yc**-byendo
rare (unique)	excepcional	e(k)sepsyo-**nal**
rate (price)	la tarifa	ta-**reefa**
rate of exchange	el tipo/la tasa de cambio	teepo/**tasa** de **kam**byo
razor (electric)	la rasuradora	rasoo-a-**dora**
razor blades	las hojas de afeitar	ohas de afey-**tar**
to read	leer	le-**er**
ready	listo(a)	**leesto**(a)
to get ready	prepararse	prepa-**rar**-se
real	verdadero(a)	berda-**dero**(a)
to realize	darse cuenta de	**dar**-se **kwen**ta de
receipt	el recibo	re-**seebo**
reception desk	la recepción	resep-**syon**

English	Spanish	Pronunciation
receptionist	el/la recepcionista	resepsyo-**neesta**
to recognize	reconocer	rekono-**ser**
to recommend	recomendar	rekomen-**dar**
to recover (from illness)	recuperarse	rekoo-pe-**rar**-se
red	rojo(a)	**roho**(a)
to reduce	reducir	redoo-**seer**
reduction	el descuento	des-**kwen**to
to refer to	referirse a	refe-**reerse** a
refund	el reembolso	rem-**bolso**
to refuse	negarse	ne-**gar**-se
regarding	con respecto a	kon res-**pekto** a
region	la región	re-**hyon**
register	el registro	re-**heestro**
to register (at hotel)	registrarse	re-heestrar-se
registration form	la hoja de inscripción	oha de ee(n)-skreep-**syon**
to reimburse	reembolsar	rembol-**sar**
relation (family)	el/la pariente	pa-**ryente**

196 | 197

English – Spanish

English – Spanish

relationship	la relación	rela-**syon**	
to remain (stay)	quedarse	ke-**dar**-se	
to remember	acordarse (de)	akordar-se de	
I don't remember	no me acuerdo	no me a-**kwerdo**	
to repeat	repetir	repe-**teer**	
to reply	contestar	kontest-**tar**	
to report	informar	een-for-**mar**	
to request	la solicitud	solesee-**tood**	
to request	solicitar	solesee-**tar**	
to require	necesitar	nesesee-**tar**	
to rescue	rescatar	reska-**tar**	
reservation	la reserva	re-**serba**	
to reserve	reservar	reser-**bar**	
reserved	reservado(a)	reser-**bado(a)**	
to rest	descansar	deskan-**sar**	
retired	pensionado(a); retirado(a); jubilado(a)	pensyo-**nado(a)**; retee-**rado(a)**; hoobee-**lado(a)**	
to return (go back)	volver	bol**ber**	
(to give back)	devolver	debol**ber**	

return (ticket)	de ida y vuelta	de eedaae **bwelta**	
rich (person)	rico(a)	**reek**o(a)	
(food)	pesado(a)	pe-**sado(a)**	
right (correct)	correcto(a)	ko-**rrekto(a)**	
to be right	tener razón	tener ra-**son**	
right: on/to the right	a la derecha	a la de-**recha**	
to ring (bell), to phone	llamar	ya**mar**	
ring	el anillo	a-**nee**-yo	
ring road	la carretera de circunvalación	karre-**tera** de seerkoon-bala-**syon**	
river	el río	**ree**-o	
road	la carretera	karre-**tera**	
road sign	la señal de tráfico	sen**yal** de **tra**-feeko	
roast	asado(a)	a-**sado(a)**	
room (in house, hotel)	la habitación	abeeta**syon**	
(space)	sitio	**seet**yo	

English	Spanish		English	Spanish	
double room	la habitación doble	abeeta-**syon** **do**-ble	**safety belt**	el cinturón de seguridad	seentoo-**ron** de segooree-**dad**
single room	la habitación individual	abeeta-**syon** eendee-bee-**dwal**	**salary**	el sueldo	**sweldo**
			sale(s)	las rebajas	re-**bahas**
			salesman/	el/a vendedor(a)	ben-de-**dor**(a)
family room	la habitación familiar	abeeta-**syon** fame-**lyar**	**woman**		
room number	el número de habitación	**noo**-mero de abeeta-**syon**	**same**	mismo(a)	**mees**mo(a)
			sand	la arena	a-**rena**
rose	la rosa	**rosa**	**to save** (life)	salvar	sal-**bar**
round (shape)	redondo(a)	re-**dondo**(a)	(money)	ahorrar	ao-**rrar**
rubbish	la basura	ba-**soo**ra	**to say**	decir	deseer
rucksack	la mochila	mo-**chee**la	**sea**	el mar	mar
ruins	las ruinas	roo-**ee**nas	**to search**	buscar	boos-**kar**
to run	correr	korrer	**seasick**	mareado(a)	ma-re-**ado**(a)
			seaside	la playa	**playa**
S			**season** (of year)	la estación	esta-**syon**
sad	triste	**trees**-te	**seasoning**	el condimento	kondee-**mento**
safe	seguro(a)	se-**goor**o(a)	**seat** (chair)	la silla	see-**ya**
safe (for valuables)	la caja fuerte	ka ha fwer'-te	**seat** (in bus, train)	el asiento	a-**syento**
			seatbelt	el cinturón de seguridad	seentoo-**ron** de segooree-**dad**

English – Spanish

second (time)	el segundo	se-**goon**do
to see	ver	ber
to sell	vender	bender
to send	enviar	embyar
sensible	sensato(a)	sen-**sato**(a)
separated	separado(a)	sepa-**rado**(a)
separately:		
to pay	pagar por	pagar por
separately	separado	sepa-**rado**
serious (accident)	grave	**gra**-be
to serve	servir	ser**beer**
service charge	el servicio	ser-**beesyo**
settee	el sofá	sofa
several	varios(as)	**baryos**(a)s
shade	la sombra	**sombra**
into the shade	a la sombra	ahee-**tar**
to shake (bottle)	agitar	ahee-**tar**
shallow	poco	**poko**
	profundo(a)	pro-**foon**do(a)
to share	compartir;	kompar-**teer**;
	dividir	deebee-**deer**

sharp (razor, knife)	afilado(a)	afee-**lado**(a)
sheet (bed)	la sábana	**sa**-bana
ship	el barco	**barko**
shock	el susto	**soos**to
(electric)	la descarga	des-**karga**
shoe	el zapato	sa-**pato**
to shop	hacer las	aser las
	compras	**kompras**
shop assistant	el/la	depen-**dyent**e(a)
	dependiente(a)	
shopping	las compras	**kompras**
to go shopping	ir de compras	eer de **compras**
shopping	el centro	**sen**tro
centre	comercial	komer**syal**
short	corto(a)	**korto**(a)
to shout	gritar	gree**tar**
show (theatrical)	el espectáculo	espek-**takoolo**
to show	enseñar	ense-**nyar**
shower (bath)	la regadera;	rega-**dera**;
	la ducha	**doo**cha
(rain)	el chubasco	choo-**basko**

English	Spanish	Pronunciation
to take a shower	ducharse	doochar-se
to shrink	encoger	enko-**her**
shut (closed)	cerrado(a)	se-**rra**do(a)
to shut	cerrar	serrar
sick (ill)	enfermo(a)	en-**fermo**(a)
I feel sick	tengo ganas de vomitar	**tengo** ganas de bomee-**tar**
side	el lado	lado
sightseeing: *to go sightseeing*	hacer turismo	aser too-**rees**mo
sightseeing tour	el recorrido turístico	reko-**rreedo** toc-**rees**teeko
to sign	firmar	feer**mar**
signature	la firma	**feerma**
silver	la plata	**plata**
similar to	parecido(a) a	pa-re-**seedo**(a) a
to sing	cantar	kantar
single (unmarried)	soltero(a)	so-**tero**(a)
single (bed, room)	individual	eendeebee-**dwal**
single ticket	el boleto sencillo	bo-**leto** sensee-yo
sink (in kitchen)	el fregadero	frega-**dero**
sister	la hermana	er-**mana**
to sit	sentarse	sentar-se
size (clothes)	la talla	**taya**
(shoes)	el número	**noo**-mero
sky	el cielo	**sye**lo
to sleep	dormir	dormeer
to sleep in	quedarse dormido(a)	ke-**dar**-se dor-**meedo**(a)
slow	lento(a)	**lento**(a)
slowly	despacio	des-**pasyo**(a)
small	pequeño(a)	pe-**ke**-nyo(a)
smell	el olor	olor
a bad smell	un mal olor	oon mal olor
a nice smell	un buen olor	oon bwen olor
smile	la sonrisa	son-**ree**sa
to smile	sonreír	son-re-**eer**
smoke	el humo	**oomo**
to smoke	fumar	foo**mar**
smooth	liso(a)	**leeso**(a)

English – Spanish

English – Spanish

English	Spanish	Pronunciation
snake	la serpiente; la culebra	ser-**pyente**; koo-**lebra**
snake bite	la mordedura de serpiente/ de culebra	la morde-**doora** de ser-**pyente**/ de koo-**lebra**
to sneeze	estornudar	estornoo-**dar**
to snore	roncar	ron**kar**
snow	la nieve	**nyebe**
to snow	nevar	ne**bar**
soap	el jabón	ha**bon**
socket (for plug)	el enchufe	en-**choofe**
soft	blando(a)	**bland**o(a)
some	algunos(as)	al-**goonos**(as)
someone	alguien	**algyen**
something	algo	**algo**
sometimes	a veces	a **beses**
son	el hijo	**eeho**
song	la canción	kan**syon**
soon	pronto	**pronto**
as soon as possible	lo antes posible	lo **an**-tes po-**see**-ble

English	Spanish	Pronunciation
sore throat	el dolor de garganta	dolor de gar-**ganta**
sorry! sorry! / **I'm sorry!**	¡perdón! ¡lo siento!	¡perdon! ¡lo syento!
sort	el tipo	**teepo**
what sort?	¿qué tipo?	¿ke **teepo**?
sour	amargo(a)	a-**marg**o(a)
south	el sur	soor
space	el espacio	es-**pasyo**
spade	la pala	**pala**
Spain	España	es-**panya**
Spaniard	el/la español(a)	espa-**nyol(a)**
Spanish	español(a)	espa-**nyol(a)**
to speak	hablar	a**blar**
do you speak English?	¿habla inglés?	¿**abla** een-**gles**?
special	especial	espe-**syal**
speed	la velocidad	belose-**dad**
speeding	el exceso de velocidad	ek-**seso** de belose-**dad**

English	Spanish	pronunciation
speed limit	la velocidad máxima	belosee-**dad** **mak**-seema
spell: how is it spelt?	¿cómo se escribe?	¿komo ses-**kree**-be?
to spend (money)	gastar	gastar
to spill	derramar	derra-**mar**
spirits	el alcohol	alkol
sport	el deporte	de-**por**te
square (in town)	la plaza	**plasa**
to squeeze (lemon)	apretar exprimir	apre-**tar** e(k)spree-**meer**
stairs	las escaleras	eska-**leras**
stale (bread)	duro(a)	**dooro**(a)
stamp (postage)	la estampilla	estam-**pee**-ya
to stand	estar de pie	estar de pye
starter (in meal)	la entrada	en-**trada**
station	la estación	esta-**syon**
to stay (remain)	quedarse	ke-**dar**-se
I'm staying at the hotel...	estoy alojado(a) en el hotel..	estoy'alo-**hado**(a) en el o-**tel** ..
to steal	robar	ro**bar**

English	Spanish	pronunciation
steamed	al vapor	bapor
steep: is it steep?	¿hay mucha subida?	¿ay **moocha** soo-**beeda**?
step	el peldaño	pel-**danyo**
sterling (pounds)	las libras esterlinas	**leebras** este-**leen**as
to stick (with glue)	pegar	pegar
sticking plaster	la curita	koo-**ree**ta
to sting	picar	pee-**kar**
stomach upset	el trastorno estomacal	tras-**torno** estoma-**kal**
stone	la piedra	**pye**dra
to stop	parar	parar
store (shop)	la tienda	**tyenda**
storey	el piso	**peeso**
storm	la tormenta	tor-**menta**
(at sea)	el temporal	tempo-**ral**
story	la historia	ees-**torya**
straightaway	inmediatamente	eenme-dyata-**mente**
strange	extraño(a)	e(k)s-**tran**yo(a)

English – Spanish

English	Spanish	Pronunciation
street	la calle	ka-ye
street map	el plano de la ciudad	plano de la syoo-dad
strength	la fuerza	fwersa
stress	el estrés	estres
stroke (medical)	la trombosis	trom-bosees
strong	fuerte	fwer-te
stuck: it's stuck	está atascado(a)	estata-skado(a)
student	el/la estudiante	estoo-dyan-te
student discount	el descuento para estudiantes	des-kwento para estoo-dyan-tes
stuffed	relleno(a)	re-yeno(a)
stung	picado(a)	pee-kado(a)
stupid	tonto(a)	tonto(a)
subscription	la suscripción	sooskreep-syon
subway (train)	el metro	metro
(passage)	el paso subterráneo	paso soob-te-rrane-o
suddenly	de repente	de re-pente
sugar-free	sin azúcar	seen a-sookar
to suggest	sugerir	soohe-reer
suit	el traje	tra-he
suitcase	la maleta	ma-leta
sum	la suma	sooma
sun	el sol	so
to sunbathe	tomar el sol	tomar el sol
sunblock	la protección solar	protek-syon solar
sunburn	la quemadura del sol	kema-doora del sol
sunglasses	las gafas de sol	gafas de sol
sunny: it's sunny	hace sol	ase sol
sunrise	la salida del sol	sa-leeda del sol
sunset	la puesta del sol	pwesta del sol
sunshade	la sombrilla	som-bree-ya
sunstroke	la insolación	eensola-syon
surname	el apellido	ape-yeedo
surprise	la sorpresa	sor-presa
to swallow	tragar; pasar	tragar; pasar

English	Spanish	
to sweat	sudar	soodar
sweet (not savoury)	dulce	doolse
sweets	los caramelos;	kara-melos;
	los dulces	doolse
to swell (injury, etc)	hincharse	een-char-se
to swim	nadar	nadar
swimming pool	la piscina	pee-seena
to switch off	apagar	apa-gar
to switch on	encender	ensen-der
swollen	hinchado(a)	een-chado(a)
syringe	la jeringa	he-reenga

T

English	Spanish	
table	la mesa	mesa
tablet (pill)	la pastilla	pas-tee-ya
to take	tomar	tomar
(medicine, etc)		
to take out	sacar	sakar
(of bag, etc)		
to talk to	hablar con	ablar kon
tall	alto(a)	alto(a)

English	Spanish	
tap water	el agua	agwa
	corriente	ko-rryente
tape (video)	la cinta	seenta
tart	la torta	torta
taste	el sabor	sabor
to taste	probar	probar
tax	el impuesto	eem-pwesto
taxi driver	el/la taxista	tak-seesta
taxi rank	la parada de	pa-rada de
	taxis	taksees
to teach	enseñar	ense-nyar
teacher	el/la profesor(a)	profe-sor(a)
team	el equipo	e-keepo
to telephone	llamar por	yamar por
	teléfono	te-le-fono
telephone box	la cabina	ka-beena
	(telefónica)	tele-foneeka
telephone call	la llamada	ya-mada
	(telefónica)	tele-foneeka
telephone card	la tarjeta	tar-heta
	telefónica	tele-foneeka

English – Spanish

English – Spanish

telephone number	el número de teléfono	noo-mero de te-le-fono
television	la televisión	telebee-syon
to tell	decir	deseer
temperature	la temperatura	tempera-toora
to have a temperature	tener fiebre	tener fyebre
temporary	provisional	probeesyo-nal
to thank	agradecer	agrade-ser
thick (not thin)	grueso(a)	grwe-so(a)
thief	el ladrón/ la ladrona	ladron(a)
thin (person)	delgado(a)	del-gado(a)
thing	la cosa	kosa
my things	mis cosas	mees kosas
to think	pensar	pensar
(to be of opinion)	creer	kre-er
thirsty:		
I'm thirsty	tengo sed	tengo sed
thread	el hilo	eelo

throat	la garganta	la gar-ganta
lozenges	las pastillas para la garganta	pastee-yas para la gar-ganta
through	por; a través	por; a trabes
ticket (bus)	el boleto	bo-leto
(theatre)	la entrada	en-trada
a single ticket	un boleto de ida	oom bo-leto de eeda
a return ticket	un boleto de ida y vuelta	oom bo-leto de eeda ee bwelta
ticket office	la taquilla	takee-ya
tide (sea)	la marea	ma-re-a
tidy	arreglado(a)	arre-glado(a)
to tidy up	ordenar	orde-nar
tight (fitting)	ajustado(a)	ahoos-tado(a)
till (cash desk)	la caja	kaha
(until)	hasta	asta
time (clock)	el tiempo	tyempo
	la hora	ora
what time is it?	¿qué hora es?	¿ke ora es?
timetable	el horario	o-raryo
tip	la propina	pro-peena

English	Spanish	
to tip	dar propina	dar pro-**peer**-a
tired	cansado(a)	kan-**sad**o(a)
toast (to eat)	la tostada	tos-**tada**
toast (raising glass)	el brindis	**breen**dees
today	hoy	oy
together	juntos(as)	**hoon**to(a)s
toilet	los baños	**ban**yos
toilet brush	el cepillo para baño	se**pee**-yo para **ban**yo
toilet paper	el papel higiénico	papel eegye-**neek**o
toiletries	los artículos de baño	ar-**tee**koolos de **ban**yo
tomorrow	mañana	ma-**nyana**
tomorrow morning	mañana por la mañana	ma-**nyana** por la ma-**nyana**
tomorrow afternoon	mañana por la tarde	ma-**nyana** por la **tar**-de
tomorrow evening	mañana por la noche	ma-**nyana** por la **noche**
tonight	esta noche	esta **noche**

English	Spanish	
too (also)	también	tam**byen**
too big	demasiado grande	dema-**syado** **gran**-de
too small	demasiado pequeño(a)	dema-**syado** pe-**ke**-nyo(a)
too hot (food)	demasiado caliente	dema-**syado** ka-**lyente**
too noisy	demasiado ruidoso(a)	dema-**syado** rwee**doso**(a)
toothbrush	el cepillo de dientes	sa**pee**-yo de **dyentes**
toothpaste	dentífrico	den-**tee**freeko
top: the top	el último piso	**ool**-teemo **peso**
floor		
torch	la linterna	leen-**terna**
total (amount)	el total	el to**tal**
to touch	tocar	to**kar**
tough (meat)	duro(a)	**dooro**(a)
tour (trip)	el viaje	bya-he
(of museum, etc)	la visita	bee-**seeta**

226 | 207

English – Spanish

English – Spanish

guided tour	la visita con guía	bee-**seet**a kon **gee**-a	**travel agent's**	la agencia de viajes	a-**hen**sya de **bya**-hes
tour guide	el/la guía turístico(a)	**gee**-a too-**rees**teeko(a)	**travel guide**	la guía de viajes	**gee**-a de **bya**-hes
tourist	el/la turista	too-**reesta**	**travel insurance**	el seguro de viaje	se-**goor**o de **bya**-he
tourist office	la oficina de turismo	ofee-**seen**a de too-**rees**mo	**travel sickness**	el mareo	mare-o
tourist route	la ruta turística	**root**a too-**rees**teeka	**traveller's cheque**	el cheque de viaje	**chek**e de **bya**-he
			trip	la excursión	e(k)skoor-**syon**
towel	la toalla	to-**a**-ya	**trolley**	el carrito	ka-**rreet**o
tower	la torre	**torre**	**trouble**	el apuro	a-**poor**o
town	la ciudad	syoo-**dad**	*to be in trouble*	estar en apuros	estar en a-**poor**os
town centre	el centro (de la ciudad/ del pueblo)	**sen**tro (de la syoo-**dad**/ del **pwe**-blo)	**true**	verdadero(a)	berda-**dero**(a)
			to try (attempt)	probar	probar
traditional	tradicional	tradeesyo-**nal**	**to try on** (clothes)	probarse	probar-se
traffic	el tráfico	**tra**-feeko	**to turn**	girar; doblar	heerar; doblar
train	el tren	tren	*to turn around*	girar	heerar
to translate	traducir	tradoo-**seer**			
translation	la traducción	tradook-**syon**			
to travel	viajar	bya-**har**			

English	Spanish	Pronunciation
to turn off (light, etc)	apagar	apa-**gar**
(tap)	cerrar	serrar
to turn on (light, etc)	encender	ensen-**der**
(tap)	abrir	a**breer**
twice	dos veces	dos **be**-ses
twin-bedded room	la habitación con dos camas	abeeta-**syon** kon dos ka**mas**
typical	típico(a)	**tee**-peeko(a)
U		
uncomfortable	incómodo(a)	een-**komodo**(a)
unconscious	inconsciente	eenkon-**syente**
under	debajo de	de-**baho** de
undercooked	medio crudo	medyo **kroo**do
underground (metro)	el metro	**metro**
underpass	el paso subterráneo	**paso** soob-te-**rrane**-o
to understand	entender	en**ten**-der
underwear	la ropa interior	ropa eente-**ryor**
United Kingdom	El Reino Unido	**reyno** oo**needo**
United States	(Los) Estados Unidos	estados ooneedos
university	la universidad	ooneebersee-**dad**
unlikely	poco probable	**poko** pro-**ba**-ble
to unlock	abrir (con llave)	a**breer** kon **yabe**
unpleasant	desagradable	desagra-**da**-ble
to unplug	desenchufar	desenchoo-**far**
until	hasta	**asta**
up: to get up	levantarse	lebantar-se
upstairs	arriba	a-**rreeba**
urgent	urgente	oor-**hente**
to use	usar	oo**sar**
useful	útil	**oo**teel
usual	habitual	a-ee-**twal**
usually	por lo general	por lo he-ne-**ral**
V		
vacancy (in hotel)	la habitación libre	abeeta-**syon** **leebre**

English – Spanish

English – Spanish

vacant	libre	**lee**bre	virus	el virus	**beer**oos
vacation	las vacaciones	baka-**syon**es	visa	la visa	**bee**sa
vaccination	la vacuna	ba-**koo**na	visit	la visita	bee-**seet**a
valid	válido(a)	**ba**-leedo(a)	to visit	visitar	beeseetar
valuable	los objetos de valor	los ob-**het**os de balor	visitor	el/la visitante	beesee-**tan**-te
valuables			voice	la voz	bos
value	el valor	balor	volcano	el volcán	bolkan
vegan	vegetariano(a) estricto(a)	beheta-**rya**no/ a es-**treek**to(a)	to vomit	vomitar	bomeetar
vegetables	las verduras	las ber-**doo**ras	**W**		
vegetarian	vegetariano(a)	beheta-**rya**no(a)	to wait for	esperar	espe-**rar**
very	muy	mwee	waiter/waitress	el/la mesero(a)	me-**ser**o(a)
vest	la camiseta	kamee-**set**a	waiting room	la sala de espera	sala des-**per**a
via	por	por	to wake up	despertarse	despertar-se
video	el vídeo	bee-de-o	walk	un paseo	pase-o
video camera	la videocámara	bee-de-o-**kam**ara	to go for a walk	dar un paseo	dar oom pase-o
			to walk	andar; caminar	andar; kamee-**nar**
view	la vista	**bees**ta	wall (inside)	la pared	pared
village	el pueblo	**pwe**-blo	(outside)	el muro	**moo**ro
vineyard	la viña	**been**ya	wallet	la cartera	kar-**ter**a

English	Spanish	
to want	querer	ke-**rer**
warm	caliente	ka-**lyente**
it's *warm* (weather)	hace calor	ase kalor
to *warm* up (milk, etc)	calentar	kalen-**tar**
to wash (oneself)	lavar(se)	la-**bar**-se
wash and blow dry	lavado y secado a mano	labado ee sekado a ma-**no**
to watch (look at)	mirar	meerar
watch	el reloj	relo
waterfall	la cascada	kas-**kada**
water heater	el calentador de agua	kelenta-**dor** de agwa
waterproof	impermeable	eemperme-**a**-ble
way (manner)	la manera	ma-**nera**
way in (entrance)	el camino	ka-**meeno**
way in (entrance)	la entrada	en-**trada**
way out (exit)	la salida	sa-**leeda**
weak (coffee, tea)	poco cargado(a)	**poko** kar-ga-**do(a)**
to wear	llevar	ye**bar**
weather	el tiempo	**tyem**po

English	Spanish	
weather forecast	el pronóstico del tiempo	pro-**nos**-teeko del **tyem**po
week	la semana	se-**mana**
last week	la semana pasada	la se-**mana** pa-**sada**
next week	la semana que viene	la se-**mana** ke **byene**
per week	por semana	se-**mana**
this week	esta semana	esta se-**mana**
during the week	durante la semana	dooran-te la se-**mana**
weekday	el día laborable	**dee**-a labo-**ra**-ble
weekend	el fin de semana	feen de se-**mana**
next weekend	el próximo fin de semana	**prok**-seemo feen de se-**mana**
this weekend	este fin de semana	**este** feen de se-**mana**
welcome!	¡bienvenido(a)!	ibyen-be-**needo**(a)!
well	bien	byen

English – Spanish

English – Spanish

English	Spanish	Pronunciation
wet (weather)	mojado(a)	mo-**hah**do(a)
white	lluvioso(a)	yoo-**byoso**(a)
whole	blanco(a)	**blan**ko(a)
wide	entero(a)	en-**tero**(a)
width	ancho(a)	**ancho**(a)
	el ancho;	el **ancho**;
	la anchura	an**choo**ra
wife	la mujer	moo**her**
wild	salvaje	sal-**ba**-he
to win	ganar	ga**nar**
wind	el viento	**byen**to
window	la ventana	ben-**ta**na
(shop)	el escaparate	eskapa-**rate**
	la ventanilla	benta-**nee**-ya
windy; it's windy	hace viento	ase **byen**to
wine	el vino	**beeno**
wine list	la carta de vinos	**karta** de **bee**nos
with	con	kon
without	sin	seen
woman	la mujer	moo**her**
wonderful	maravilloso(a)	marabee-**yoso**(a)

English	Spanish	Pronunciation
wood (material)	la madera	ma-**dera**
(forest)	el bosque	**bos**-ke
wooden	de madera	de ma-**dera**
wool	la lana	**lana**
word	la palabra	pa-**labra**
work	el trabajo	tra-**baho**
to work (person)	trabajar	traba-**har**
(machine, car)	funcionar	foonsyo-**nar**
it doesn't work	no funciona	no foon-**syon**a
world	el mundo	**moondo**
worldwide	mundial	moon**dyal**
worried	preocupado(a)	pre-okoo-**pado**(a)
worse	peor	pe-**or**
worth: it's worth...	vale...	**ba**-le…
to wrap (parcel)	envolver	embol-**ber**
wrapping	el papel de	pa**pel**
	envolver	de-embol-**ber**
paper	escribir	eskree-**beer**
to write	el papel de	pa**pel**
writing paper	escribir	deskree-**beer**

wrong: *what's wrong*	¿qué pasa?	¿ke **pasa**?	yet: *not yet*	todavía no	toda-**bee**-a no
			plain yoghurt	el yogur natural	yo**goor** natoo-**ral**
X			young	joven	**hoben**
X-ray	a radiografía	radyo-gra-**fee**-a			
to X-ray	hacer una	a**ser** oona	**Z**		
	radiografía	radyo-gra-**fee**-a	zebra crossing	el paso de	**pa**so de
				peatones	pe-a-**to**nes
Y			zone	la zona	**so**na
year	el año	a-nyo			
this year	este año	**est**e **a**-nyo			
next year	el año que	el **a**-nyo ke			
	viene	**bye**ne			
last year	el año pasado	el **a**-nyo pa-**sa**do			
yearly	anual;	anoo-**al**;			
	anualmente	anoo-al**mente**			
yellow	amarillo(a)	ama-**ree**-yo			
Yellow Pages®	las páginas	**pa**-heenas			
	amarillas	ama-**ree**-yas			
yes	sí	see			
yesterday	ayer	a**yer**			

English – Spanish

Spanish - English

A

a — to; at

abajo — below; downstairs

abierto(a) — open

abogado(a) *mf* — lawyer

abrebotellas *m* — bottle opener

abrelatas *m* — tin-opener

abrigo *m* — coat

abrir — to open; to turn on *(tap)*

abuela *f* — grandmother

abuelo *m* — grandfather

aburrido(a) — bored; boring

acá — here

acabar — to finish

acento *m* — accent

aceptar — to accept

acera *f* — pavement; sidewalk

acompañar — to accompany

aconsejar — to advise

acuerdo *m* — agreement

¡de acuerdo! — OK; alright!

adelante — forward

administración *f* — management

admitir — to accept; to permit

advertir — to warn

agencia *f* — agency

agencia de seguros — insurance company

agencia de viajes — travel agency

agente *mf* — agent

agente de policía — policeman/woman

agitar — to shake *(bottle)*

agotado(a) — sold out; out of stock

agradable — pleasant

agradecer — to thank

agridulce — sweet and sour

ahora — now

ahorrar — to save *(money/time)*

aire *m* — air

aire acondicionado — air-conditioning

al aire libre — open-air; outdoor

alcanzar — to reach; to get

alemán/alemana — German

alfarería *f* — pottery; ceramics

algo — something

alguien — someone

alguno(a) — some; any

algunos(as) — some; a few

alimentación *f* — grocer's; food

alimento *m* — food

allí — there *(over there)*

almohada *f* — pillow

almuerzo *m* — lunch

Spanish – English

alojamiento m	accommodation
alquilar	to rent; to hire
alquiler m	rent; rental
alrededor	about; around
alto(a)	high; tall
alta tensión f	high voltage
altura f	altitude; height
amable	pleasant; kind
amargo(a)	bitter; sour
amarillo(a)	yellow; amber (traffic light)
ambientador m	air freshener
ambos(as)	both
ancho(a)	wide
anchoa f	anchovy (salted)
anchura f	width
andar	to walk
añejo(a)	mature; vintage
anillo m	ring
animal m	animal
animal doméstico	pet
aniversario m	anniversary
año m	year
Año Nuevo	New Year
antes (de)	before
antiguo(a)	old; ancient
anual	annual
anular	to cancel
anunciar	to announce; to advertise
anuncio m	advertisement; notice
apagado(a)	off (light etc)
aparato m	appliance
apartamento m	flat; apartment
apellido m	surname
aplazar	to postpone
aprender	to learn
apretar	to squeeze
apto(a)	suitable
aquí	here
árbol m	tree
ardor de estómago m	heartburn
arena f	sand
arreglar	to arrange; to mend
arriba	upstairs; above
hacia arriba	upward(s)
arte m	art
artesanía f	crafts
artesano(a) mf	craftsman/woman
articulación f	joint (body)
artículo m	article
ascensor m	lift
asegurado(a)	insured
asegurar	to insure
atacar	to attack
atascado(a)	jammed (stuck)

Spanish – English

Spanish	English
atasco m	hold-up (*traffic jam*)
atención f	attention
atención al cliente	customer service
aterrizar	to land
atrás	behind
audífono m	hearing aid; headphones
aumentar	to increase
auriculares mpl	headphones
auténtico(a)	genuine; real
automático(a)	automatic
autor(a) mf	author
autoservicio m	self-service
ave f	bird
avión m	plane
aviso m	notice; warning
ayer	yesterday
ayudar	to help
azul	blue

B

Spanish	English
bailar	to dance
baile m	dance
bajar	to go down(stairs); to drop (*temperature*)
bajarse (del/de la)	to get off (*bus, etc*)
bajo(a)	low; short; soft (*sound*)
bajo en calorías	low-fat
más bajo	lower
balneario m	spa
bandeja f	tray
bañarse	to go swimming; to bathe; to have a bath/shower
baño m	bath; bathroom
con baño	with bath

Spanish	English
bar m	bar
barato(a)	cheap
barco m	ship; boat
barrio m	district; suburb
barro m	mud
bastante	enough; quite
basura f	rubbish; litter
bata f	dressing gown
bebida f	drink
bien	well
bienvenido(a)	welcome
bifurcación f	fork (*in road*)
billetera f	wallet
blanco(a)	white
dejar en blanco	leave blank (*on form*)
blando(a)	soft
blusa f	blouse
bolígrafo m	biro; pen
bolsa f	bag; stock exchange

bolsillo m	pocket	bueno(a)	good; fine	cada uno	each (one)
bolso m	handbag	¡buenos días!	good morning!	caducado(a)	out-of-date
bomba f	pump (bike, etc); bomb	¡buenas noches!	good evening/ night!	caducar	to expire (ticket, passport)
bonito(a)	pretty; good-looking	¡buenas tardes!	good afternoon/ evening!	caer(se)	to fall
borracho(a)	drunk	buscar	to look for	caja f	cashdesk; box
bosque m	forest; wood			cajero(a) mf	teller; cashier
bota f	boot	**C**		cajero automático	cash dispenser; ATM
bote m	boat; tin; can	caballeros mpl	gentlemen; gents	cajón m	drawer
botella f	bottle	caballo m	horse	calambre m	cramp
botón m	button	montar a caballo	to go riding	calculadora f	calculator
brazo m	arm	cabello m	hair	calefacción f	heating
brillar	to shine	cabina f	cabin	calendario m	calendar
brindis m	toast (raising glass)	cabina (telefónica)	phone box	calentador m	heater
británico(a)	British	cable m	wire; cable	calentador de agua	water heater
broma f	joke	cada	every; each	calentar	to heat up (milk, etc)
bromear	to joke	cada día	daily; each day	calidad f	quality
bronceador m	suntan lotion			caliente	hot
brújula f	compass				

Spanish – English

Spanish	English
calle f	street; fairway (golf)
callejón sin salida m	cul-de-sac
calmante m	painkiller
calzado m	footwear
calzados	shoe shop
calzon m	knickers
cama f	bed
cámara f	camera
camarera f	chambermaid
camarero m	barman; waiter
cambiar	to change; to exchange
cambiarse	to get changed
cambio m	change; exchange; gear
caminar	to walk
camino m	path; road; route
camisa f	shirt
camisería f	shirt shop
camiseta f	t-shirt; vest
campana f	bell
campo m	countryside; field; pitch
canasto m	large basket
cancelación f	cancellation
cancelar	to cancel
canción f	song
cansado(a)	tired
cantante mf	singer
cantar	to sing
cantidad f	quantity
capital f	capital (city)
capitán m	captain
capucha f	hood (jacket)
cara f	face
cárcel f	prison
cargar	to load
cargar a la cuenta	to charge to account
cargo m	charge
a cargo del cliente	at the customer's expense
carnaval m	carnival
carnicería f	butcher's
caro(a)	dear; expensive
carretera f	road
carretera de circunvalación	ring road
carril m	lane (on road)
carta f	letter; menu
carta de vinos	wine list
cartel m	poster
cartelera f	entertainments guide
cartera f	wallet
carterista mf	pickpocket
cartero(a) mf	postman/woman
cartón m	cardboard

Spanish	English
casa f	house; home; household
casa de socorro	first-aid post
casado(a)	married
casarse (con)	to marry
cascada f	waterfall
cáscara f	shell (egg, nut)
caseta f	beach hut; kennel
casi	almost
caso: en caso de	in case of
castellano(a)	Spanish (language)
castillo m	castle
catálogo m	catalogue
causa f	cause
a causa de	because of
causar	to cause
cazar	to hunt
ceder	to give way
ceda el paso	give way
celular m	mobile phone
cementerio m	cemetery
cenicero m	ashtray
central de buses f	bus/coach station
centro m	centre
Centroamérica f	Central America
cepillo m	brush
cepillo de dientes	toothbrush
cepillo del pelo	hairbrush
cepillo de uñas	nailbrush
cerámica f	ceramics, pottery
cerrado(a)	closed
cerradura f	lock
cerrar	to close
certificado m	certificate
certificado(a)	registered
certificar	to register
cesta f	basket
cestería f	basketwork (shop)
chaleco m	waistcoat
chaleco salvavidas	life jacket
champú m	shampoo
chancletas fpl	flip flops
chica f	girl
chico m	boy
chico(a)	small
chocar	to crash (car)
chofer m	chauffeur; driver
ciego(a)	blind
cielo m	sky; heaven
cifra f	number; figure
cierre m	zip
cinta f	tape; ribbon
cinta de video	video cassette
cintura f	waist
cinturón m	belt

Spanish – English

Spanish – English

Spanish	English
cinturón de seguridad	safety belt
circulación *f*	traffic
circular	to circulate
cirujano(a) *mf*	surgeon
cisterna *f*	cistern
cita *f*	appointment
claro(a)	light (*colour*); clear
clase *f*	class; type; lesson
clavo *m*	nail (*metal*); clove (*spice*)
climatizado(a)	air-conditioned
cobrar	to charge; to cash
cobrar demasiado	to overcharge
cobro *m*	payment
cocina *f*	kitchen; cuisine
cocinar	to cook
código *m*	code
código de barras	barcode
código postal	post-code
cola *f*	glue; queue; tail
colador *m*	strainer; colander
colchón *m*	mattress
colegio *m*	school
colgar	to hang up (*telephone*)
colina *f*	hill
comedor *m*	dining room
comenzar	to begin
comer	to eat
comercio *m*	trade; business
comestibles *mpl*	groceries
comida *f* / *se sirven comidas*	food; meal / meals served
comidas caseras	home cooking
como	as; like; since
¿cómo?	how?; pardon?
cómodo(a)	comfortable
compañero(a) *mf*	colleague; companion
compañía *f*	company (*people*)
completo(a)	full; no vacancies (*sign*)
comportarse	to behave
compra *f*	purchase
compras	shopping
comprar	to buy
comprender	to understand
compresa sanitaria	sanitary towel
comprobar	to check
con	with
concurrido(a)	busy; crowded

concurso m	competition	
conectar	to connect; to plug in	
conferencia f	conference	
confirmación f	confirmation	
confirmar	to confirm	
congelado(a)	frozen	
conjunto m	group (music)	
conocer	to know; to be acquainted with	
conseguir	to obtain	
conservar	to keep	
conservas fpl	tinned foods	
construir	to build	
consulado m	consulate	
consultorio m	doctor's surgery	
consumir	to eat; to use	
consumir antes de...	best before...	

contacto m	contact; ignition (car)	
contador m	meter	
contener	to hold (to contain)	
contenido m	contents	
contento(a)	pleased	
contestador m, **contestadora** f	answering machine	
contestar	to answer; to reply	
continuar	to continue	
contra	against	
copa f	glass; goblet	
copia f	copy; print (photo)	
copiar	to copy	
corcho m	cork	
cordero m	lamb; mutton	
cordillera f	mountain range	
coro m	choir	

correa f	strap; belt	
correa de reloj	watch strap	
correcto(a)	right (correct)	
correo m	mail	
correo electrónico	e-mail	
correr	to run; to jog	
corriente f	power; current (electric, water); draught (of air)	
cortado(a)	blocked (road)	
cortar	to cut	
cortaúñas m	nail clippers	
corte m	cut	
corto(a)	short	
cosa f	thing	
coser	to sew	
costa f	coast	
costar	to cost	
costumbre f	custom (tradition)	

Spanish – English

Spanish	English
creer	to think; to believe
crisis nerviosa f	nervous breakdown
cruce m	junction; crossroads
crudo(a)	raw
cruzar	to cross
c/u (cada uno)	each (one)
cuaderno m	exercise book
cuadro m / a cuadros	picture; painting / checked (pattern)
¿cuál?	which?
¿cuándo?	when?
¿cuánto?	how much?
¿cuántos?	how many?
cuarentena f	quarantine
cuarto m	room
cuarto de baño	bathroom
cubeta f	bucket; pail; bin
cubierta f	deck (ship)
cubierto m	cover charge (in restaurant); menu
cubierto(a)	covered; indoor
cubiertos mpl	cutlery; place setting
cubrir	to cover
cucaracha f	cockroach
cuchara f	spoon
cuchara de servir	tablespoon
cucharita f	teaspoon
cuchillo m	knife
cuerda f	string; rope
cuero m	leather
cuidado m	care
¡cuidado!	look out!
ten(ga) cuidado	be careful!
cuidadoso(a)	careful
cultivar	to grow; to farm
cumpleaños m	birthday
¡feliz cumpleaños!	happy birthday!
curita f	(sticking) plaster
curva f	bend; curve
curvas peligrosas	dangerous bends
D	
daños mpl	damage
dar	to give
datos mpl	data; information
dcha.	abbrev. for **derecha**
de	of; from
de acuerdo	all right (agreed)
debajo (de)	under; underneath
deber	to owe; to have to
debido(a)	due

Spanish	English
decir	to tell; to say
declarar	to declare
degustación f	tasting (wine, etc)
dejar	to let; to leave
dejar libre la salida	keep clear in front of
delante de	in front of
delegación f	regional office (government)
delgado(a)	thin; slim
delicioso(a)	delicious
delito m	crime
demasiado	too much
demasiado hecho(a)	overdone
demora f	delay
dentista mf	dentist
dentro (de)	inside
deporte m	sport
derecha f	right(-hand side)
a la derecha	on/to the right
derecho m	right; law
derechos de aduana	customs duty
derecho(a)	right; straight
todo derecho	straight on
derramar	to spill
derretir	to melt
desaparecer	to disappear
desarrollar	to develop
descansar	to rest
descanso m	rest
descolgar	to take down; to pick up (phone)
descongelar	to de-ice; to defrost
descremado(a)	skimmed
describir	to describe
descubrir	to discover
descuento m	discount; reduction
desde	since; from
desear	to want
desenchufado(a)	off; disconnected
deseo m	wish; desire
desfile m	parade
deshacer	to undo; to unpack
desinfectante m	disinfectant
desmayado(a)	fainted
despacho m	office
despacio	slowly; quietly
despegar	to take-off
despertador m	alarm (clock)
despertarse	to wake up
después	after; afterward(s)
destino m	destination
desvestirse	to get undressed
desvío m	detour; diversion
detalle m	detail; nice gesture

Spanish – English

Spanish – English

Spanish	English
detener	to arrest
detrás (de)	behind
devolver	to give/put back
día m	day
difícil	difficult
dinero m	money
dinero en efectivo	cash
dirección f	direction; address
dirección de correo electrónico	e-mail address
dirección particular	home address
dirección prohibida	no entry
dirección única	one-way
directo(a)	direct (train, etc)
director(a) mf	director; manager
directorio telefónico m	telephone directory
dirigir	to manage
disco m	record; disk
discoteca f	disco; nightclub
discutir	to quarrel; to argue
diseño m	design; drawing
disponible	available
distancia f	distance
distinto(a)	different
diversión f	fun
divertido(a)	funny (amusing)
divertirse	to enjoy oneself
divisa f	foreign currency
doblado(a)	folded
doblar	to fold
doble	double
documentos mpl	documents
dólar m	dollar
dolor m	ache; pain
doloroso(a)	painful
domicilio m	home address
¿dónde?	where?
dormir	to sleep
dormitorio m	bedroom
dorso m	back
véase al dorso	please turn over
droga f	drug
dueño(a) mf	owner
durante	during
duro(a)	hard; tough

E

Spanish	English
echar	to pour; to throw; to post
ecológico(a)	organic; environmentally friendly
edad f	age (of person)

edad mínima	minimum age	empujar	to push
edificio *m*	building	*empuje*	push
EE.UU.	USA	en	in; into; on
efecto *m*	effect	encantado(a)	pleased to meet you!
personales	personal	encargado(a)	person in charge
ejemplar *m*	belongings	*mf*	
electricidad *f*	copy (of book)	encargar	to order in advance
eléctrico(a)	electricity	encendido(a)	on (light, TV, engine)
elegir	electric(al)	enchufar	to plug in
embajada *f*	to choose	enchufe *m*	plug; point; socket
embalse *m*	embassy	encima de	on to; on top of
embarazada	reservoir	encontrar	to find
embarcadero *m*	pregnant	encontrarse	to meet (by chance)
embarcarse	jetty; pier	con	
embarque *m*	to board	enfadado(a)	angry
emocionante	boarding	enfermedad *f*	disease
empezar	exciting		
empleo *m*	to begin		
empresa *f*	employment; use		
	firm; company		

enfermera(o)	nurse		
mf			
enfermería *f*	infirmary; first-aid post		
enfermo(a)	ill		
enjuagar	to rinse		
enjuague bucal	mouthwash		
m			
enseñar	to show; to teach		
entender	to understand		
entero(a)	whole		
entierro *m*	funeral; burial		
entrada *f*	entrance; admission		
entrada libre	admission free		
entrada por delante	enter at the front		
entrar	to go in; to get in; to enter		
entre	among; between		

Spanish – English

Spanish - English

entregar	to deliver
entrevista f	interview
envase m	container; packaging
enviar	to send
envío m	shipment
envolver	to wrap
equipaje m	luggage; baggage
equipaje de mano	hand-luggage
equipo m	team; equipment
equitación f	horseriding
equivocación f	mistake; misunderstanding
escala f	stopover
escalar	to climb (mountains)
escalera f	stairs; ladder

escalera de incendios	fire escape
escalera (de mano)	ladder
escalera mecánica	escalator
escaleras fpl	stairs
escalón m	step (stair)
escapar	to escape
escaparate m	shop window
escenario m	stage (theatre)
escocés/ escocesa	Scottish
escoger	to choose
esconder	to hide
escribir	to write
escrito: por escrito	in writing
escuchar	to listen to
escuela f	school
escurrir	to wring

esmalte m	varnish
espacio m	space
España f	Spain
español(a)	Spanish
espantoso(a)	awful
esparadrapo m	sticking plaster
especialidad f	speciality
especialista mf	specialist
espectáculo m	entertainment; show
espejo m	mirror
esperar	to wait (for); to hope
espere su turno	please wait your turn
espina f	fish bone; thorn
espina dorsal	spine
esponja f	sponge
esposa f	wife
esposo m	husband

espuma f — foam; mousse (for hair)

espuma de afeitar — shaving foam

espumoso(a) — frothy; sparkling

esq. — abbrev. for **esquina**

esquí acuático — water-skiing

estación f — station; season

Estados Unidos mpl — United States

estante m — shelf

estatua f — statue

este m — east

estéreo m — stereo

estornudar — to sneeze

estrecho(a) — narrow

estrella f — star

estreñimiento m — constipation

estreno m — première, new release

estudiante mf — student

etiqueta f — label; ticket; tag

de etiqueta — formal dress

Europa f — Europe

evidente — obvious

evitar — to avoid

examen m — examination

excelente — excellent

excepcional — rare (unique)

excepto — except

exceso m — excess

excursión f — tour; excursion

éxito m — success

expedido(a) — issued

experto(a) — expert

explicar — to explain

exprimir — to squeeze

extranjero(a) mf — foreigner

extranjero: — abroad

en el extranjero — abroad

F

FC/f.c. — abbrev. for **ferrocarril**

fácil — easy

factura f — receipt; bill; account

factura detallada — itemized bill

facturación f — check-in

falda f — skirt

falso(a) — fake; false

falta f — foul (football); lack

familia f — family

famoso(a) — famous

farola f — lamppost

favor m — favour

por favor — please

Spanish – English

Spanish – English

favorito(a)	favourite
fecha f	date
fecha de adquisición	date of purchase
fecha de caducidad	expiry date
fecha de expedición	date of issue
fecha de nacimiento	date of birth
feliz	happy
¡Feliz Año Nuevo!	Happy New Year!
femenino(a)	feminine
feo(a)	ugly
feria f	trade fair; funfair
feriados mpl	public holidays
ferrocarril m	railway
festivos mpl	public holidays
fianza f	bail bond; deposit

ficha f	token; counter (in games)
fiebre f	fever
fiesta f	party; public holiday
fila f	row; line (queue)
filtro m	filter
filtro solar	sunscreen
fin m	end
fin de semana	weekend
finalizar	to end; to finish
finca f	farm; country house
fino(a)	fine; thin
fino m	dry, very pale sherry
firma f	signature
firmar	to sign
firme aquí	sign here
flor f	flower
florero m	vase

floristería f	florist's shop
folleto m	leaflet; brochure
fonda f	inn; small restaurant
fondo m	bottom (of pool, etc)
formulario m	form
fósforo m	match
foto f	picture; photo
fotografía f	photograph
fotógrafo(a) mf	photographer
fractura f	fracture
frágil	fragile
francés(cesa)	French
Francia f	France
frecuente	frequent
freír	to fry
frenar	to brake
freno m	brake
frente a	opposite
frente f	forehead

fresco(a)	fresh; crisp; cool
frío(a)	cold
frito(a)	fried
frontera f	border; frontier
frotar	to rub
frutería f	fruit shop
fuego m	fire
fuente f	fountain
fuera	outdoors; out
fuerte	strong; loud
fuga f	leak (of gas, liquid)
fumadores mpl	smokers
fumar	to smoke
prohibido fumar	no smoking
función f	show
funcionar	to work; to function
no funciona	out of order

funcionario(a) mf	civil servant
funda f	case; pillowcase
fusible m	fuse

G

galería f	gallery
galería de arte	art gallery
galés(lesa)	Welsh
Gales m	Wales
ganar	to earn; to win (sports, etc)
garaje m	garage
garantía f	guarantee
gas m	gas
con gas	fizzy
sin gas	non-fizzy; still
gasa f	gauze
gaseosa f	lemonade
gastado(a)	worn
gastar	to spend (money)

gastos mpl	expenses
gastritis f	gastritis
gato m	cat; jack (for car)
género m	type; material
generoso(a)	generous
gente f	people
gerente mf	manager/manageress
girar	to turn around
globo m	balloon
glorieta f	roundabout
gordo(a)	fat
gorra f	cap (hat)
gorro m	hat
gramo m	gram(me)
Gran Bretaña f	Great Britain
grande	large; big; tall
granja f	farm
granjero(a) mf	farmer
grasiento(a)	greasy

Spanish – English

grave	serious (accident, etc)
gripe, gripa f	flu
gris	grey
gritar	to shout
grúa f	crane; breakdown van
grueso(a)	thick (not thin)
grupo sanguíneo m	blood group
guantes mpl	gloves
guapo(a)	handsome; attractive; brave (Col)
guardacostas mf	coastguard
guardar	to put away; to keep
guardarropa m	cloakroom
guardia f	guard
guerra f	war

guía mf	courier; guide
guiar	to guide
gusano m	maggot; worm
gustar	to like; to enjoy

H

habano m	Havana cigar; banana (Col)
habitación f	room
habitación doble	double room
habitación individual	single room
hablar (con)	to speak/talk (to)
se habla inglés	English spoken
hacer	to do; to make
hacer autostop	to hitchhike
hacer cola	to queue
hacer daño	to hurt; to damage

hacer las maletas	to pack (case)
hacer surf	to go surfing
hacer transbordo de	to change (bus/train)
hacer turismo	to sightsee
hacia	toward(s)
hacia adelante	forwards
hacia atrás	backwards
hasta	until; till
hay	there is
hecho(a)	finished; done
hecho a mano	hand made
hecho(a) de...	made of...
helada f	frost
hemorragia f	haemorrhage
hemorroides fpl	haemorrhoids; piles
hepatitis f	hepatitis
herida f	wound; injury
herido(a)	injured

herir	to hurt
hermano(a) *mf*	brother/sister
hermoso(a)	beautiful
hernia *f*	hernia
herramienta *f*	tool
hervidor(a)	boiled
hervidor de agua *m*	kettle
hervir	to boil
hielo *m*	ice
con hielo	with ice
hierro *m*	iron
hierro forjado	wrought iron
hijo(a) *mf*	son/daughter
hincha *mf*	fan (*football, etc*)
hinchado(a)	swollen
histórico(a)	historic
hogar *m*	home; household
hoja *f*	sheet; leaf
hoja de registro	registration form

hoja de afeitar	razor blade
hombre *m*	man
hora *f*	hour; appointment
hora punta	rush hour
horas de visita	visiting hours
horario *m*	timetable
hormiga *f*	ant
horno *m*	oven
(horno) microondas	microwave
hospital *m*	hospital
hostal *m*	small hotel; hostel
hotel *m*	hotel
hoy	today
huelga *f*	strike (*industrial*)
huésped *mf*	guest
humo *m*	smoke

I

ida *f*	outward journey
idioma *m*	language
iglesia *f*	church
igual	equal
impermeable *m*	raincoat; waterproof
importante	important
importar	to matter; to import
importe total *m*	total (*amount*)
imprescindible	essential
impuesto *m*	tax
incendio *m*	fire
incluido(a)	included
incómodo(a)	uncomfortable
inconsciente	unconscious
indicaciones *fpl*	directions
indigestión *f*	indigestion
individual	individual; single

Spanish – English

Spanish – English

infarto *m*	heart attack
infección *f*	infection
inferior	inferior; lower
inflamación *f*	inflammation
información *f*	information
informe *m*	report (medical, police)
infracción *f*	offence
infracción de trafico	traffic offence
ingeniero(a) *mf*	engineer
Inglaterra *f*	England
inglés/inglesa	English
inhalador *m*	inhaler (for medication)
inmediatamente	immediately
inmunización *f*	immunisation
insecto *m*	insect
insolación *f*	sunstroke
instrucciones *fpl*	directions; instructions
instructor(a) *mf*	instructor
interesante	interesting
interior	inside
intermitente *m*	indicator (in car)
Internet *mf*	internet
intérprete *mf*	interpreter
interruptor *m*	switch
intoxicación por alimentos *f*	food poisoning
introducir	to introduce; to insert
introduzca monedas	insert coins
inundación *f*	flood
invitación *f*	invitation
invitado(a) *mf*	guest
invitar	to invite
inyección *f*	injection
ir	to go
ir a buscar	to fetch
ir de compras/ tiendas	to go shopping
irse a casa	to go home
irse de	to leave (a place)
Irlanda *f*	Ireland
Irlanda del Norte *f*	Northern Ireland
irlandés(desa)	Irish
isla *f*	island
Italia *f*	Italy
italiano(a)	Italian
itinerario *m*	route
izq./izda.	abbrev. for **izquierda**
izquierda *f*	left(side)
J	
jabón *m*	soap
jamás	never
Japón *m*	Japan

japonés/ japonesa f	Japanese
jaqueca f	migraine
jardín m	garden
jarra f	jug; mug
jefe(a) mf	chief, head; boss
joven mf	young
joya f	jewel
joyas	jewellery
joyería f	jeweller's
juego m	game
juez(a) mf	judge
jugador(a) mf	player
jugar	to play; to gamble
juguete m	toy
juguetería f	toy shop
junto(a)	together
junto a	next to
juventud f	youth

K

kilo m	kilo(gram)
kilometraje m	mileage
kilometraje ilimitado	unlimited mileage
kilómetro m	kilometre

L

labio m	lip
laborable	working (day)
laborables	weekdays
lado m	side
al lado de	beside
ladrón(ona) mf	thief
lago m	lake
lámpara f	lamp
lana f	wool
lápiz m	pencil
largo(a)	long
largo recorrido	long-distance (tra n, etc)

lata f	can (container); tin
lavable	washable
lavadora f	washing machine
lavar	to wash
lavarse	to wash oneself
laxante m	laxative
leer	to read
lejos	far
lentes	glasses; lenses
lentes de contacto	contact lenses
lentes de sol	sunglasses
lento(a)	slow
letra f	letter (of alphabet)
levantar	to lift
levantarse	to get up; to rise
ley f	law

Spanish – English

Spanish – English

libra f	pound *(currency, weight)*	**limpieza en seco** f	dry-cleaning	**llamar**	to call; to ring; to knock
libra esterlina	pound sterling	**limpio(a)**	clean		*(on door)*
libre	free/vacant	**lindo(a)**	pretty	**llano(a)**	flat
libre de impuestos	tax-free	**línea** f	line	**llave** f	key; tap; spanner
dejen el paso libre	keep clear	**linterna** f	torch; flashlight	**llave de contacto**	ignition key
librería f	bookshop	**líquido** m	liquid	**llaves del auto**	car keys
libro m	book	**liso(a)**	plain; smooth	**llave inglesa**	spanner
licencia f	permit; licence	**lista** f	list	**llave tarjeta**	card key
licencia de conducir	driving licence	**lista de correos**	poste restante	**llavero** m	keyring
		lista de precios	price list	**llegar**	to arrive
licores mpl	spirits	**listo(a)**	ready	**llenar**	to fill; to fill in
ligero(a)	light *(not heavy)*	**listo(a) para comer**	ready-cooked	**lleno(a)**	full (up)
lima f	file *(for nails)*; lime			**lleno, por favor**	fill it up, please
		litoral m	coast	**llevar**	to bring; to wear; to carry
límite m	limit; boundary	**litro** m	litre	**para llevar**	to take away
límite de velocidad	speed limit	**llaga** f	ulcer *(mouth)*	**llorar**	to cry *(weep)*
		llamada f	call	**local** m	premises; bar
limpiar	to clean	**llamada a cobro revertido**	reverse charge call	**localidad** f	place

Spanish	English
Londres m	London
longitud f	length
luces fpl	lights
luchar	to fight
lugar m	place
lugar de expedición	issued in
lugar de nacimiento	place of birth
lugar fresco	cool place
luna f	moon
luna de miel	honeymoon
luz f	light

M

Spanish	English
madera f	wood
madre f	mother
maduro(a)	ripe; mature
mal/malo(a)	bad (weather, news)
mal de puna m	mountain sickness
maleta f	case; suitcase
maletero m	boot (car)
malo(a)	bad
mañana	tomorrow
mañana f	morning
mancha f	stain; mark
mandar	to send
manera f	way; manner
manga f	sleeve
mano f	hand
de segunda mano	second-hand
manta f	blanket
mantel m	tablecloth
mantener	to maintain; to keep
mapa m	map
mapa de carreteras	road map
máquina f	machine
máquina de afeitar	razor
máquina de fotos	camera
mar m	sea
marca f	brand, make
marcar	to dial
marea f	tide
marea alta/baja	high/low tide
mareado(a)	sick (car, sea); dizzy
marido m	husband
mariposa f	butterfly
marrón	brown
martillo m	hammer
más	more; plus
más que	more than
más tarde	later
masculino(a)	male

Spanish – English

matar	to kill
matrimonio *m*	marriage
máximo *m*	maximum
mayor	bigger; biggest
la mayor parte de	most of
mayor que	bigger than
mayores de 18 años	over-18s
mayúscula *f*	capital letter
medianoche *f*	midnight
medias *fpl*	tights; stockings
medicina *f*	medicine; drug
médico(a) *mf*	doctor
medida *f*	measurement; size
medio *m*	the middle
medio(a)	half
media hora	half an hour
media pensión	half board
medio hecho(a)	medium rare

mediodía:	midday; noon
las doce del mediodía	
medir	to measure
mejor	best; better
mejor que	better than
mendigo(a) *mf*	beggar
meningitis *f*	meningitis
menor	smaller; smallest; least
menos	minus; less; except
menos que	less than
mensaje *m*	message
mensual	monthly
menta *f*	mint; peppermint
mentira *f*	lie (*untruth*)
mercado *m*	market
mercancías *fpl*	goods

merendero *m*	open-air snack bar; picnic area
mes *m*	month
mesa *f*	table
mesera *f*	waitress
mesón *m*	traditional restaurant
metal *m*	metal
metro *m*	metre; underground; tape measure
mezclar	to mix
miel *f*	honey
mientras	while
migraña *f*	migraine
mil	thousand
mil millones *m*	billion
mínimo *m*	minimum
miope	short-sighted
mirar	to look at; to watch

misa f	Mass (rite)
mismo(a)	same
mitad f	half
mixto(a)	mixed
mochila f	backpack
moda f	fashion
moderno(a)	modern
modo m	way; manner
modo de empleo	instructions for use
mojado(a)	wet
molestar	to disturb
molestia f	nuisance; discomfort
molido(a)	ground (coffee beans, etc)
moneda f	currency; coin
introduzca monedas	insert coins
monedero m	purse
montaña f	mountain

montañismo m	mountaineering
montar	to ride
montar a caballo	to ride a horse
monumento m	monument
morado(a)	purple
mordedura f	bite
morder	to bite
moratón m	bruise
morir	to die
mosca f	fly
mosquitera(o) f m	mosquito net
mostrador m	counter, desk
mostrar	to show
mucho	a lot; much
mucho(a)	a lot (cf); much
muchos(as)	many
muela f	tooth
muelle m	quay pier
muerto(a)	dead

muestra f	exhibition; sample
mujer f	woman; wife
multa f	fine (to be paid)
mundo m	world
muñeca f	wrist; doll
muro m	wall
músculo m	muscle
museo m	museum; art gallery
música f	music
muy	very
muy hecho(a)	well done (steak)

N

nacer	to be born
nacimiento m	birth
nación f	nation
nacional	national; domestic (flight)
nacionalidad f	nationality

Spanish – English

Spanish – English

nada	nothing
de nada	don't mention it
nada más	nothing else
nadador(a) *mf*	swimmer
nadar	to swim
nadie	nobody
nariz *f*	nose
natación *f*	swimming
natural	natural; fresh; plain
Navidad *f*	Christmas
neblina *f*	mist
necesario(a)	necessary
necesitar	to need; to require
negarse	to refuse
negativo *m*	negative (*photo*)
negocios *mpl*	business
negro(a)	black
nevar	to snow
nieto(a) *mf*	grandson/daughter
nieve *f*	snow
niña *f*	girl; baby girl
niñera *f*	nanny
ningún	none
ninguno(a)	none
niño *m*	boy; baby; child
niños	children (*infants*)
nivel *m*	level; standard
Nº	*abbrev. for* **número**
noche *f*	night
esta noche	tonight
Nochebuena *f*	Christmas Eve
Nochevieja *f*	New Year's Eve
nocivo(a)	harmful
nombre *m*	name
nombre de pila	first name
norte *m*	north
Norteamérica *f*	America; USA
norteamericano(a)	US citizen
notaría *f*	solicitor's office
novela *f*	novel
novia *f*	girlfriend; fiancée; bride
novio *m*	boyfriend; fiancé; bridegroom
nube *f*	cloud
Nueva Zeland(i)a *f*	New Zealand
nuevo(a)	new
número *m*	number; size; issue
nunca	never
O	or
o... o...	either... or...
objeto *m*	object
objetos de valor	valuables

Spanish – English

Spanish	English
obligatorio(a)	compulsory
obra f	work
obra maestra f	masterpiece
obras f	road works
observar	to watch
obstruido(a)	blocked (*pipe*)
obtener	to get (*to obtain*)
ocio m	spare time
ocupado	engaged
oeste m	west
oferta f	special offer
oficina f	office
oficio m	church service; profession
ofrecer	to offer
oir	to hear
¡ojo!	look out!
ola f	wave (*on sea*)
olor m	smell
olvidar	to forget
onda f	wave
operación f	operation
operador(a) mf	operator
orden m	command
orden f	order
organizar	to arrange; to organize
orilla f	shore
oro m	gold
oscuro(a)	dark; dim
otro(a)	other; another
otra vez	again
P	
paciente mf	patient (*unwell person*)
padre m	father
pagado(a)	paid
pagar	to pay for; to pay
pagar al contado	to pay cash
pagar por separado	to pay separately
pague en caja	please pay at cash desk
página f	page
pago m	payment
pago por adelantado	payment in advance
país m	country
paisaje m	landscape; countryside
pájaro m	bird
palabra f	word
palacio m	palace
paleta f	lollipop; ice lolly
pálido(a)	pale
palo m	stick; mast
paloma f	pigeon; dove
panadería f	bakery
paño m	flannel; cloth
pantalla f	screen

Spanish - English

Spanish	English	Spanish	English
pantaleta f	knickers	**parecido(a) a**	similar to
pantalones mpl	trousers	**pared** f	wall (inside)
pantalones cortos	shorts	**pareja** f	couple (two people); better half
pantuflas fpl	slippers	**parque** m	park
pantys mpl	tights	**parque de atracciones**	funfair
pañuelo m	handkerchief; (head)scarf	**parque nacional**	national park
pañuelo de papel	tissue	**parrilla** f	grill; barbecue
papa m	pope; potato	**particular**	private
papel m	paper	**partida** f	game; departure
papeles del auto	log book (car)	**partido** m	match (sport); party (political)
papel higiénico	toilet paper	**partir**	to depart
papelería f	stationer's	**pasado(a)**	stale (bread); rotten
paquete m	packet; parcel	**pasaje** m	ticket; fare; alleyway
par m	pair	**pasajero(a)** mf	passenger
para	for; towards	**pasar**	to happen
parada f	stop		
parar	to stop		

Spanish	English
pasatiempo m	hobby; pastime
pase de manejar m	driving licence
paseo m	walk; avenue; promenade
pasillo m	corridor; aisle
paso m	step; pace
paso a nivel	level crossing
paso de ganado	cattle crossing
paso de peatones	pedestrian crossing
paso inferior	subway
paso subterráneo	subway
pastelería f	cakes and pastries; cake shop
pastilla f	tablet; pill
pastilla de jabón	bar of soap
paz f	peace

Spanish	English	Spanish	English
p. ej.	*abbrev. for*	**peluquería** *f*	hairdresser's
por ejemplo		**penicilina** *f*	penicillin
peaje *m*	toll	**pensar**	to think
peatón /	pedestrian	**pensión** *f*	guesthouse
peatona *mf*		*media pensión*	half board
peces *mpl*	fishes	*pensión*	full board
pecho *m*	chest; breast	*completa*	
pedir	to ask for;	**peor**	worse; worst
	to order	**pequeño(a)**	little small; tiny
pedir prestado	to borrow	**percha** *f*	coat hanger
pegar	to stick (on);	**perder**	to lose; to miss
	to hit		(train, etc)
peine *m*	comb	**perdido(a)**	missing (lost)
pelar	to peel (fruit)	**perdón** *m*	pardon; sorry
película *f*	film	**perdonar**	to forgive
peligro *m*	danger	**perezoso(a)**	lazy
peligro de	fire hazard	**perfecto(a)**	perfect
incendio		**perforar:**	
peligroso(a)	dangerous	*no perforar*	do not pierce
pelo *m*	hair	**perfumería** *f*	perfume shop
pelota *f*	ball	**perico** *m*	white coffee (Col)

Spanish	English	Spanish	English
periódico *m*	newspaper	**permitido(a)**	permitted;
periodista *mf*	journalist		allowed
perla *f*	pearl	**permitir**	to allow; to let
permiso *m*	permission;	**pero**	but
	pass; permit;	**perro** *m*	dog
	licence	**persiana** *f*	blind (for
permiso de	residence		window)
residencia		**persona** *f*	person
permiso de	work permit	**personal** *m*	staff
trabajo		**pesado(a)**	heavy; boring
		pesar	to weigh

Spanish – English

Spanish – English

Spanish	English
pesca f	fishing
pescadería f	fishmonger's
peso m	weight; scales; unit of currency in some LA countries
picado(a)	chopped; minced; rough (sea); stung (by insect)
picadura f	insect bite; sting
picar	to itch; to sting
pie m	foot
piedra f	stone
piel f	fur; skin; leather
pieza f	part; room
piyama f	pyjamas
pila f	battery (radio, etc)
píldora f	pill
pileta f	sink; washbasin
pinchazo m	puncture
pinza f	clothes peg
pinzas	tweezers
pisar	to step on; to tread on
no pisar el césped	keep off the grass
piscina f	swimming pool
piso m	floor; storey; flat
piso deslizante	slippery road
pista f	track; court
pistola f	gun
placa de matrícula f	number plate (vehicle)
plancha f	iron (for clothes)
planchar	to iron
plano m	plan; town map
planta f	plant; floor; sole (of foot)
planta baja f	ground floor
plata f	silver; money
platillo m	saucer
playa f	beach; seaside
plaza f	square (in town)
plazas libres	vacancies
plazo m	period; expiry date
plomo m	lead (metal)
pluma f	feather
pobre	poor
poco(a)	little
un poco de	a bit of
pocos(as)	(a) few
poder	to be able
podrido(a)	rotten (fruit, etc)
policía f	police
policía nacional	national police
municipal/local	local police
póliza f	policy; certificate
póliza de seguros	insurance policy

Spanish	English
poltrona f	armchair
polvo m	powder, dust
pomada f	ointment
poner	to put
ponerse en contacto con	to contact; to get in touch with
por	by; per; through; about
por adelantado	in advance
por correo	by mail
por ejemplo	for example
por favor	please
porción f	portion
porque	because
portaequipajes m	luggage rack
portero m	caretaker; doorman
portugués/ portuguesa	Portuguese
posible	possible

Spanish	English
posología f	dosage
postal f	postcard
postigos mpl	shutters
potable	drinkable
pozo m	well (water)
pozo séptico	septic tank
prado m	meadow
precio m	price; cost
precioso(a)	lovely
precipicio m	cliff; precipice
preciso(a)	necessary
preferir	to prefer
prefijo m	dialling code
pregunta f	question
preguntar	to ask (a question)
premio m	prize
prensa f	press
preocupado(a)	worried
preparado(a)	cooked

Spanish	English
preparar	to prepare; to cook
presa f	dam
prescribir	to prescribe
presentar	to introduce
presión f	pressure
presión arterial/ sanguínea	blood pressure
prestar	to lend
primer/o(a)	first
primeros auxilios mpl	first aid
primo(a) mf	cousin
princesa f	princess
principal	main
príncipe m	prince
principiante mf	beginner
prioridad (de paso) f	right of way
privado(a)	private
probador m	changing room

Spanish – English

Spanish – English

Spanish	English
probar	to try; to taste
probarse	to try on (clothes)
problema m	problem
procedente de...	coming from...
productos mpl	produce; products
productos lácteos	dairy products
profesión f	profession; job
profesor(a) mf	teacher
profundo(a)	deep
prohibido(a)	prohibited/no...
prohibido bañarse	no bathing
prohibido el paso	no entry
prometer	to promise
prometido(a)	engaged (to be married)
pronóstico m	forecast
pronóstico del tiempo	weather forecast
pronto	soon
pronunciar	to pronounce
propiedad f	property
propietario(a) mf	owner
propina f	tip
propio(a)	own
protegido(a)	sheltered
provisional	temporary
próximo(a)	next
público m	audience
público(a)	public
pueblo m	village; country
puente m	bridge
puerta f	door; gate
cierren la puerta	close the door
puerta de embarque	boarding gate
puerta principal	front door
puerto m	port
puesta de sol f	sunset
puesto que	since
pulgas fpl	fleas
punto m	stitch
puntuación f	score (of match)
puro(a)	pure

Q

Spanish	English
que	than; that; which
¿qué?	what?; which?
¿qué tal?	how are you?
quedar	to remain; to be left
quedar bien	to fit (clothes)
queja f	complaint
quemado(a)	burnt
quemadura f	burn

Spanish	English		Spanish	English		Spanish	English
quemadura del sol	sunburn		*rápido m*	express train		*recogida de equipajes*	baggage reclaim
quemar	to burn		rápido(a)	quick; fast		recomendar	to recommend
querer	to want; to love		raqueta f	racket		reconocer	to recognize
querer decir	to mean		rasgar	to tear; to rip		recordar	to remember
¿quién?	who?		rata f	rat		recorrido m	journey; route
quincena f	fortnight		ratero m	pickpocket		de largo recorrido	long-distance
quinientos(as)	five hundred		rato m	a while			
quiosco m	kiosk		ratón m	mouse		recuerdo m	souvenir
quitar	to remove		razón f	reason		recuperarse	to recover (from illness)
quizá(s)	perhaps		recepción f	reception		redondo(a)	round (shape)
			recepcionista mf	receptionist		reducción f	reduction
R						reducir	to reduce
rabia f	rabies		receta f	prescription; recipe		reembolsar	to reimburse; to refund
radiador m	radiator		recibir	to receive		reembolso m	refund
radio f	radio		recibo m	receipt			
radio m	spoke (wheel)		recientemente	recently		refresco m	refreshment; drink
radiocasete m	cassette player		reclamo m	claim; complaint		refrigerador m	fridge
radiografía f	X-ray		reclamar	to claim			
rama f	branch (of tree)		recoger	to collect			
ramo m	bunch (of flowers)		recogida f	collection			

Spanish – English

Spanish – English

Spanish	English
refugio m	shelter; mountain hut
regadera f	shower
régimen m	diet
región f	district; area; region
registrarse	to register (at hotel)
regla f	period (menstruation); ruler (for measuring)
Reino Unido m	United Kingdom
reírse	to laugh
relámpago m	lightning
rellenar	to fill in
reloj m	clock; watch
remitente mf	sender
reparación f	repair
reparar	to repair
repetir	to repeat
representante mf	sales rep
repuestos mpl	spare parts
resbaladizo(a)	slippery
resbalarse	to slip
rescatar	to rescue
reserva f	booking(s); reservation
reservado(a)	reserved
reservar	to reserve; to book
resfriado m	cold (illness)
residente mf	resident
resistente a	resistant to
resistente al agua	waterproof
resistente al calor	heat resistant
respirar	to breathe
responder	to answer; to reply
responsabilidad f	responsibility
respuesta f	answer
resto m	the rest
retrasado(a)	delayed
retraso m	delay
sin retraso	on schedule
retrato m	portrait
reumatismo m	rheumatism
reunión f	meeting
revelar	to develop (photos)
revisar	to check
revisión f	car service; inspection
revisor(a) mf	ticket collector
revista f	magazine
rezar	to pray
rico(a)	rich (person)
rincón m	corner
río m	river
robar	to steal

robo m	robbery; theft
rojo(a)	red
romántico(a)	romantic
romper	to break; to tear
ropa f	clothes
ropa de cama	bedclothes
ropa interior	underwear
ropero m	wardrobe
rosa, rosado(a)	pink
rosado m	rosé (wine); pink
roto(a)	broken
rubio(a)	blond; fair haired
ruido m	noise
ruinas fpl	ruins
ruta f	route
ruta turística	tourist route

S

| sábana f | sheet (bed) |
| saber | to know (facts); to know how |

sabor m	taste; flavour
sacacorchos m	corkscrew
sacar	to take out (cf bag, etc;)
saco m	sack; sweater; cardigan; bag
saco de dormir	sleeping bag
sala f	hall; hospital ward
sala de embarque	departure lounge
sala de espera	waiting room
sala (de estar)	living room
salario m	wage
saldo m	balance (of account)
saldos mpl	sales
salida f	exit/departure
salida de incendios	fire exit
salida del sol	sunrise

salir	to go out; tc come out
saltar	to jump
salud f	health
¡salud!	cheers!
salvar	to save (life)
salvavidas m	lifebelt
sandalias fpl	sandals
sangrar	to bleed
sastrería f	tailor's
secado a mano m	bow-dry
secador (de pelo) m	hairdryer
secadora f	dryer (spin/tumble)
secar	to dry
seco(a)	dry; dried (fruit, beans)
secretario(a) mf	secretary
seguida:	

Spanish - English

Spanish – English

en seguida	straight away	**serpiente** *f*	snake	*lo siento*	I'm sorry
seguido(a)	continuous	**servicio** *m*	service; service charge	**sierra** *f*	mountain range
seguir	to continue; to follow	*área de servicios*	service area	**siga**	follow
según	according to	**servicio incluido**	service included	*siga adelante*	carry on
segundo(a)	second	*servicios de urgencia*	emergency services	*siga recto*	keep straight on
de segunda mano	second-hand	**servir**	to serve	**siglo** *m*	century
seguramente	probably	**sesión** *f*	performance; screening	**siguiente**	following; next
seguridad *f*	reliability; safety; security	*sesión de noche*	late night performance	**silencio** *m*	silence
seguro(a)	safe; certain	*sesión de tarde*	evening performance	**silla** *f*	chair; seat
semana *f*	week	*sesión numerada*	seats bookable in advance	*silla de ruedas*	wheelchair
semanal	weekly	**si**	if	**sillón** *m*	armchair
señal *f*	sign; signal; road sign	**sí**	yes	**simpático(a)**	nice; kind
sentarse	to sit	**sida** *m*	AIDS	**sin**	without
sentir	to feel	**siempre**	always	**síntoma** *m*	symptom
separado(a)	separated	**siento:**		*sírvase Vd.*	serve/help yourself
sequía *f*	drought			**mismo**	yourself
seropositivo(a)	HIV positive			**sitio** *m*	place; space; position
				sobre	on; upon; about; on top of
				sobre *m*	envelope

sobrecargar	to overload
sobrino(a) *mf*	nephew/niece
sobrio(a)	sober
sociedad *f*	society
socio(a) *mf*	member; partner (business)
¡socorro!	help!
sol *m*	sun; sunshine
solamente	only
soldado *mf*	soldier
solitario *m*	patience (card game)
solo(a)	alone; lonely
sólo	only
soltero(a)	single (unmarried)
sombrero *m*	hat
sombrilla *f*	sunshade; parasol
sonido *m*	sound
sonreír	to smile

sonrisa *f*	smile
sorpresa *f*	surprise
sótano *m*	basement
stop *m*	stop (sign)
suavizante *m*	hair conditioner; fabric softener
submarinismo *m*	scuba diving
subterráneo(a)	underground
subtítulo *m*	subtitle
sucio(a)	dirty
sucursal *f*	branch (of bank, etc)
sudadera *f*	sweatshirt
sudar	to sweat
suela *f*	sole (of foot, shoe)
suelo *m*	soil; ground; floor
suelto *m*	small change (money)
sueño *m*	dream

suerte *f*	luck
¡(buena) suerte!	good luck!
superior	higher
sur *m*	south
T	
talla *f*	size
taller *m*	garage (for repairs)
también	as well; also; too
tampoco	neither
tapa *f*	lid
tapón *m*	cap (of bottle etc)
taquilla *f*	ticket office
tarde *f*	evening; afternoon
de la tarde	pm
tarde	late
tarifa *f*	price; rate
tarifa baja	cheap rate
tarifa máxima	peak rate

Spanish – English

Spanish – English

tarjeta f	card	
tarjeta de crédito	credit card	
tarjeta de embarque	boarding pass	
tarjeta de identificación	identity card	
tarjeta de presentación	business card	
tarjeta telefónica mf	phonecard	
taxista mf	taxi driver	
taza f	cup	
tazón m	bowl (for soup, etc)	
teatro m	theatre	
techo m	ceiling	
tejado m	roof	
tela f	material; fabric	
tela impermeable	groundsheet	

telefonear	to phone	
telefonista mf	telephonist	
teléfono (teléfono) m	phone	
celular	mobile (phone)	
teléfono público	payphone	
televisión f	television	
televisor m	television set	
temperatura f	temperature	
temporada f	season	
temporada alta	high season	
temporal m	storm	
temprano(a)	early	
tenedor m	fork (for eating)	
tener	to have	
tener fiebre	to have a temperature	
tener miedo de	to be afraid of	
tener que	to have to	
tener razón	to be right	
tener suerte	to be lucky	

terrapuerto	bus/coach station	
terraza f	terrace; balcony	
terremoto m	earthquake	
terreno m	land	
tiempo m	time; weather	
tienda f	store; shop; tent	
tienda de ropa	clothes shop	
tierra f	earth	
tímido(a) m	shy	
timón m	rudder; steering wheel	
típico(a)	typical	
tipo m	sort	
tipo de cambio	exchange rate	
tirador m	handle	
tirar	to throw (away); to pull	
para tirar	disposable	
tire	pull	
toalla f	towel	

tocar	to touch; to play (instrument)
no tocar	do not touch
todo(a)	all
todo	everything
todo derecho	straight on
todo el mundo	everyone
todo incluido	all inclusive
tomar	to take; to have (food/drink)
tomar el sol	to sunbathe
tónica f	tonic water
tono m	tone
tono de marcar	dialling tone
tonto(a)	stupid
toquen:	
no toquen	do not touch
tormenta f	thunderstorm
toro m	bull
torre f	tower
tos f	cough

toser	to cough
trabajar	to work (person)
trabajo m	work
tradicional	traditional
traducción f	translation
traducir	to translate
traer	to fetch; to bring
tráfico m	traffic
tragar	to swallow
traje m	suit; outfit
traje de baño	swimsuit; swimming trunks
traje de bucear	wetsuit
traje de etiqueta	evening dress (man's)
traje de noche	evening dress (woman's)
trampolín m	diving board
tranquilo(a)	calm; quiet

tranquilizante m	tranquilizer
transbordador m	car ferry
transbordo m	transfer
trapeador m	mop (for floor)
trapo m	cloth (for cleaning, etc)
tras	after; behind
trastorno estomacal m	stomach upset
tratar con cuidado	handle with care
tren m	train
triste	sad
trozo m	piece
trueno m	thunder
túnel m	tunnel
turno m	turn
espere su turno	wait your turn

Spanish – English

Spanish – English

U

Spanish	English
úlcera f	ulcer (stomach)
últimamente	lately
último(a)	last
uña f	nail (finger, toe)
únicamente	only
unidad f	unit
Unión Europea f	European Union
urgente	urgent; express
usar	to use
uso m	use; custom
uso externo/tópico	for external use only
útil	useful
utilizar	to use
vacaciones fpl	holiday
vacío(a)	empty
vacuna f	vaccination
vagón m	railway carriage
vale...	it's worth...

Spanish	English
vale m	token; voucher
válido(a)	valid (ticket, licence, etc)
valle m	valley
valor m	value
válvula f	valve
vapor m	steam
al vapor	steamed
variado(a)	assorted; mixed
varios(as)	several
vaso m	glass (for drinking)
veces fpl	times
velocidad f	speed
límite de velocidad f	speed limit
velocidad máxima	speed limit
vena f	vein
venda f	bandage

Spanish	English
vendedor(a) mf	salesman/woman
vender	to sell
se vende	for sale
veneno m	poison
venenoso(a)	poisonous
venir	to come
venta f	sale; country inn
ventana f	window
ventanilla f	window (in car, train)
ventilador m	fan (electric)
ver	to see; to watch
verdad f	truth
¿de verdad?	really?
verdadero(a)	true; genuine
verde	green
verdulería f	greengrocer's
verificar	to check
versión f	version
versión original	original version

Spanish	English
vestido *m*	dress
vestirse	to get dressed
vez *f*	time
vía *f*	track; rails; platform
por vía oral	by mouth
viajar	to travel
viaje *m*	journey; trip
viaje de negocios	business trip
viaje organizado	package tour
viajero *m*	traveller
vida *f*	life
videocámara *f*	camcorder
vidrio *m*	glass (*substance*)
viejo(a)	old
viento *m*	wind
vino *m*	wine
vino blanco	white wine
vino clarete/ rosado	rosé wine
vino seco	dry wine
vino tinto/rojo	red wine
violeta *f*	violet (*flower*)
visa *f*	visa
visita *f*	visit
visitar	to visit
vista *f*	view
vivir	to live
volar	to fly
volcán *m*	volcano
voltaje *m*	voltage
volumen *m*	volume
volver	to come/ go back; to return
vomitar	to vomit
voz *f*	voice
vuelo *m*	flight
vuelta *f*	turn; return; change (*money*)

W

Spanish	English
wáter *m*	lavatory; toilet
whisky *m*	whisky
windsurf *m*	windsurfing

Y

Spanish	English
y	and

Z

Spanish	English
zapatería *f*	shoe shop
zapato *m*	shoe
zona *f*	zone
zona de descanso	lay-by
zona restringida	restricted area

Spanish - English

Further titles in Collins' phrasebook range
Collins Gem Phrasebook

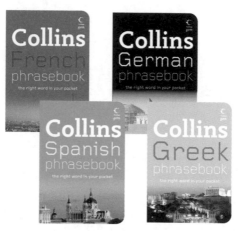

Also available as **Phrasebook CD Pack**
Other titles in the series

Arabic	Greek	Polish
Cantonese	Italian	Portuguese
Croatian	Japanese	Russian
Czech	Korean	Spanish
Dutch	Latin American	Thai
French	Spanish	Turkish
German	Mandarin	Vietnamese